# BIBLIOTECA DE ALEXANDRIA

Título original: *The Shores of Wisdom — The Story of the Ancient Library of Alexandria*
2ª Edição Revisada 2010


2ª Edição – 2010

**Editora Nova Alexandria**
Av. Dom Pedro I, 840
01552-000 São Paulo SP
Tel./Fax: (11) 2215-6252
E-mail: novaalexandria@novaalexandria.com.br
Site: www.novaalexandria.com.br

Tradução: Otacílio Nunes e Valter Ponte
Preparação de originais: Renata M. A. de Melo
Revisão: Guilherme Laurito Summa
Juliana Messias
Thiago Lins
Capa: Raquel Matsushita
Editoração eletrônica: Priscilla Andrade
Viviane Santos

**Dados para Catalogação**

Flower, Derek Adie

Biblioteca de Alexandria — As histórias da maior biblioteca da Antiguidade/tradução de Otacílio Nunes e Valter Ponte/Editora Nova Alexandria, São Paulo, 2010.

216 p.
**ISBN 978-85-7492-201-0**

1. História antiga 2. Filósofos 3. Biblioteca CDD 930

*Atualizado conforme a nova ortografia*

Derek Adie Flower

# Biblioteca de Alexandria

## As histórias da maior biblioteca da Antiguidade

Tradução

Otacílio Nunes e Valter Ponte

NOVA ALEXANDRIA

# ~ SUMÁRIO ~

"Ptolomeu I não somente buscou, com o espírito mais moderno, organizar a descoberta de conhecimentos novos. Também tentou estabelecer um armazém enciclopédico de sabedoria na Biblioteca de Alexandria. Não era simplesmente um armazém, era uma organização de cópia e venda de livros. Ali foi posto a trabalhar um grande exército de copistas, multiplicando perpetuamente cópias de livros.

Aqui, então, temos a clara abertura do processo intelectual que vivemos ainda hoje; aqui, temos a reunião e distribuição sistemática de conhecimento. A fundação do Museu e da Biblioteca assinala uma das grandes épocas da história da humanidade. É o verdadeiro início da História Moderna."

**H. G. WELLS,** ***Uma breve história do mundo***

# ~ INTRODUÇÃO ~

## Alexandria revisitada

Durante a última semana de fevereiro de 1990, deparei-me com um jornal francês com o cabeçalho "Uma nova biblioteca para Alexandria" acima de uma fotografia do que lembrava notavelmente uma nave espacial. Como eu passara a maior parte de minha juventude em Alexandria, a ideia de uma imensa e nova biblioteca para ocupar o lugar da legendária biblioteca ptolemaica me deixou intrigado.

O artigo continha uma descrição de página inteira da aparência que teria essa Biblioteca Alexandrina, de quem a havia projetado (uma equipe norueguesa), quem a estava patrocinando (Unesco) e como a pedra fundamental fora simbolicamente lançada em 1988 pelo então presidente do Egito, Hosni Mubarak. Havia também uma lista das pessoas que faziam parte da Comissão para o Renascimento da Antiga Biblioteca de Alexandria, nomes prestigiosos e glamourosos, que haviam acabado de se encontrar em Assuã e conseguido amealhar metade dos fundos necessários para construí-la.

Bom para Alexandria, pensei, e esqueci o assunto. Uma semana mais tarde, ele retornou de supetão, quando abri uma revista. Mirava-me a reprodução de uma gravura do século 16, uma impressão artística da antiga Biblioteca de Alexandria. Lembrei-me do templo de Hátor em Dendera, que acabara de visitar, com colunas maciças encimadas por divindades egípcias e ptolemaicas elevando-se até o teto de um vasto salão. A única diferença era que as paredes tinham estantes repletas de livros, em vez dos relevos esculpidos que são comuns nos templos. Comparada ao disco voador norueguês, escondido no verso da terceira página, essa ilustração incendiou minha imaginação e me levou rapidamente pela trilha da memória. O resultado foi que, ao retornar ao Egito, cerca de seis meses depois, uma das primeiras coisas que fiz foi ir até a estação no Cairo e tomar o trem para Alexandria, algo que não fazia desde 1955.

Transportado rapidamente através do Delta no conforto do ar-condicionado, eu me perguntava que aparência teria a cidade depois de tantos anos, e se havia mudado tanto quanto o Cairo. Duas horas depois, descobri a resposta. Do sopé do forte Qait Bey, construído no mesmo local do grande Farol de Alexandria e dominando a entrada do Porto Oriental, deixei meu olhar seguir a ampla extensão da avenida Comiche à beira-mar, flanqueada por sólidos prédios de apartamentos da virada do século, a graciosa mesquita Abbas, mais edifícios que mergulhavam e recuavam para dar lugar aos jardins da Praça Zagloul defronte ao Hotel Cecil, para reaparecer com uma série infindável de construções de seis andares que ondulavam ao longe, abraçando as baías e espalhando-se até onde a vista alcançava. Pouco mudara. Não havia arrogantes torres de hotéis, nem vias elevadas, nem enormes letreiros de néon, nem trânsito cacofônico.

Andei e me debrucei sobre um parapeito baixo. À minha direita, cerca de vinte barcos de pesca, que pareciam abandonados, balançavam gentilmente nas ondas do fim da manhã, enquanto à minha esquerda eu tinha uma clara visão da entrada do porto, perto da qual três grandes barcos, possivelmente antigos iates particulares, repuxavam as correntes das âncoras. Fechei os olhos por um momento e inalei a brisa oriental, aquela carícia ansiada que no verão mantém a cidade relativamente fresca, e então olhei, através do porto, para o lote de terra que me haviam dito estar destinado à grande nova biblioteca que tornaria Alexandria novamente conhecida como um epicentro do saber. Um castelo no ar, um desperdício monumental de dinheiro, ou um desafio factível e excitante, que devolveria à cidade parte de seu antigo brilho?

Não consegui encontrar um táxi, então subi em um *garry* com um cavalo surpreendentemente bem nutrido que me levou a meio galope, em um tempo recorde de quatro minutos, rodeando a baía até o local em questão. Lá chegando, tentei visualizar que aspecto teria aquela vasta construção em forma de disco. Seria uma mancha na paisagem, uma idiossincrasia ofuscante em uma joia de monotonia, ou um ponto focal vitalizante que tornaria tudo ao redor inconsequente?

Entrei por um portão semiaberto e perambulei pelo lugar. Parte da área estava ocupada por um salão de conferências quase concluído, que parecia ter sido concebido para refletir uma forma estilizada da arquitetura ptolemaica, e mais uma vez me perguntei como isso combinaria com a biblioteca propriamente dita. Mas isso realmente importava? Ptolomeu Sóter, o rei responsável pela criação da antiga Biblioteca, se preocupava com sutilezas arquitetônicas? Obviamente não. Simplesmente dera ordens ao encarregado dos edifícios para deixar no recinto real espaço conveniente para um centro cultural com uma Biblioteca e um Museu, nos quais os estudiosos pudessem ser inspirados pelas musas. É claro que os arquitetos do rei estavam em posição vantajosa em relação à equipe norueguesa, em uma cidade novinha em folha, onde nenhuma das construções tinha mais de trinta anos. Assim, um conflito de estilos não seria problema, havendo poucas tradições arquitetônicas ou normas ambientais a ser respeitadas. Simplesmente as exigências estéticas e práticas de um monarca cujos caprichos eram lei.

Parado ali, refletindo sobre como teria sido aquele lugar 2.250 anos atrás, percebi quão pouco sabia sobre a antiga Alexandria, exceto que fora fundada por Alexandre Magno, que o famoso Farol, uma das sete maravilhas do mundo, fora construído ali, que a Coluna de Pompeu (que nada tinha a ver com Pompeu) e uma ou duas catacumbas podiam ser visitadas no velho bairro árabe. Talvez minha ignorância se devesse ao fato de que, enquanto no Cairo, em Luxor ou em Assuã, os vestígios do passado faraônico do Egito podiam ser vistos por toda a parte, em Alexandria eles praticamente inexistiam, e o pouco que restava era principalmente romano.

Foi nesse momento que decidi descobrir tudo sobre a cidade. Como, em menos de cinquenta anos, ela se transformou de um vilarejo de pescadores à beira do deserto em um dos maiores centros culturais e mercantis do Mundo Antigo, cuja influência nos campos científico, literário e filosófico seria sentida até os tempos modernos. E também qual seria a aparência da cidade, mas especialmente que tipo de homens e mulheres a haviam construído e feito palpitar durante novecentos anos antes de destruí-la.

Eis o que descobri.

# I

## O pai fundador

Naquela época — e estamos falando de cerca de 332 a.C. —, o Egito deixara havia muito de ser a grande potência faraônica dos dias das gloriosas XVIII e XIX dinastias, quando Tutmósis III[1] e Ramsés II[2] governavam a maior parte do Oriente Médio. Lutas pelo poder e uma série de invasões assírias e persas tinham reduzido o reino a uma província do império aquemênida, com uma classe dirigente impopular e um pretenso faraó despótico.[3]

Não surpreende, portanto, que, quando Alexandre Magno[4] invadiu o Egito,[5] a população o tivesse acolhido como o salvador que a estava libertando de um odiado jugo persa, e ficasse jubilante em vê-lo coroar-se rei em meio à bem planejada pompa e circunstância em Mênfis, a capital de três mil anos de idade. Ele tinha, então, apenas 23 anos.

1 1479-1425 a.C.

2 1279-1212 a.C.

3 O rei persa Artaxerxes III Oco (da XXXI dinastia) reconquistou o Egito em 343 a.C. e reinou por meio de um governador até a chegada de Alexandre Magno, em 332 a.C.

4 Alexandre III da Macedônia.

5 Após a batalha de Isso.

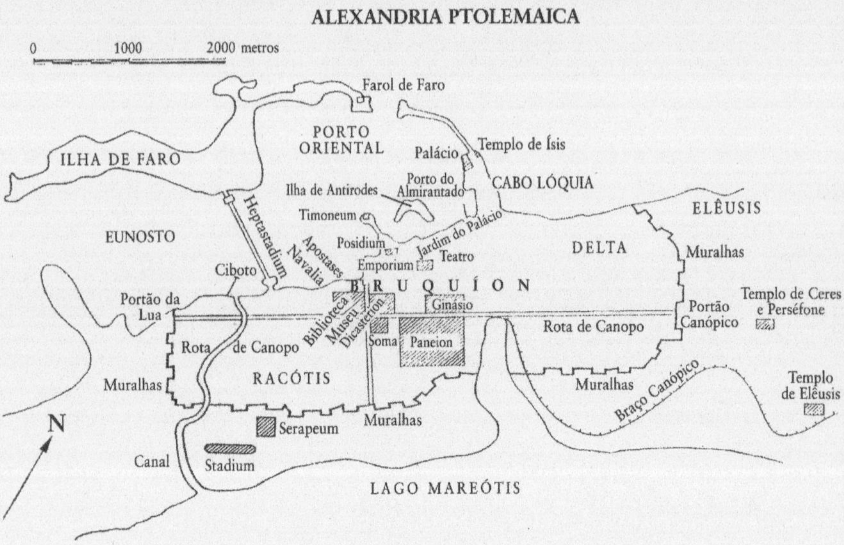


Terminadas as festividades de sua coroação, Alexandre passou o inverno na costa do Mediterrâneo, onde montou acampamento perto de uma vila de pescadores chamada Racótis, no extremo ocidental do delta e logo atrás da Ilha de Faro.

Era um lugar bem conhecido dos marinheiros, especialmente dos piratas, que, às vezes, se abrigavam no pequeno porém bem protegido porto da ilha, mas muito distante das rotas costumeiras normalmente empregadas pelos navios no comércio com o Egito. Esses preferiam enfrentar as águas muitas vezes ardilosas do Nilo até chegar ao porto fluvial de Canopo a se arriscar nas fortes correntes e nos ventos do leste que varriam a costa em frente a Racótis.

Mas Alexandre, que queria um porto de mar profundo, suficientemente grande para atender a uma armada agressiva e a uma frota mercante em expansão, entendeu que o lugar seria ideal se fosse construído um molhe por sobre as águas rasas entre a ilha e o continente. Reza a lenda que ele foi inspirado diretamente por Homero.

Conta-se que o poeta apareceu a ele em um sonho, recitando versos da *Odisseia* que tinham a ver com Menelau[6] refugiando-se nessa mesma ilha. Assim, segundo Plutarco, Alexandre saltou da cama e imediatamente ordenou que se construísse uma cidade atrás do que planejava que se tornaria o maior e mais seguro porto na costa egípcia.

É claro que há todo tipo de relatos míticos sobre a fundação de Alexandria, e um deles tem um tom profético. Conta como os agrimensores reais ficaram sem cal ao demarcar as muralhas da cidade. Na falta de algo melhor para substituí-la, usaram farinha. Mal terminaram, porém, apareceram pássaros de todos os tipos que devoraram tudo. Um bom presságio, asseguraram ao supersticioso Alexandre, significando que a nova cidade seria abençoada com tal abundância que para ela convergiria gente de todas as partes do mundo.

Numa versão mais prosaica, seus conselheiros teriam observado que uma cidade construída em uma faixa de terra entre o mar e o Lago Mareótis[7] logo atrás teria: a) acesso fácil ao Nilo e ao Delta e b) uma fonte permanente de água doce, vital para o projeto. E ao construir uma estrada elevada para a Ilha de Faro, ele poderia, sem muito esforço, ter o maior e melhor porro da bacia oriental do Mediterrâneo, abrigado dos ventos etesianos[8] e das perigosas correntes do oeste.

[6] Rei de Esparta, irmão de Agamenon e marido de Helena (de Troia). Após oito anos no mar, atracou na Ilha de Faro, onde Proteu lhe revelou o modo de apaziguar os deuses e assegurar a volta ao lar.

[7] O lago mais ocidental do delta egípcio. Alexandria foi construída na faixa de terra entre o lago e o mar. O nível da água fica cerca de 2,5 m abaixo do nível do mar.

[8] Vento mediterrâneo local que sopra durante o verão, vindo principalmente do norte.

Depois de tomar sua decisão, Alexandre mandou buscar o mais avançado arquiteto da época e ordenou-lhe que projetasse a nova cidade.

Deinócrates, como esse excêntrico gênio era chamado, havia atraído a atenção do rei com o plano inconcebível de esculpir no pico do Monte Atos (dois mil metros acima do nível do mar) uma gigantesca estátua sentada, presumivelmente de Alexandre. Foi também ele quem, oito anos mais tarde, foi contratado para desenhar a imensa pira funerária do general Heféstion, amigo íntimo de Alexandre, na Babilônia. Felizmente, o projeto do Monte Atos foi abandonado e o arquiteto pôde utilizar seu considerável talento para realizar um plano muito grandioso, porém racional, para a cidade destinada a ser uma das maiores do mundo greco-romano nos nove séculos seguintes.

Basicamente, ele a dividiu em três setores. Um bairro judeu a noroeste, o denominado Bruquíon, com seus palácios reais e sua área residencial grega no centro, enquanto a oeste uma Racótis expandida para os egípcios locais e outros residentes.

**Alexandre Magno invadiu o Egito aos 23 anos e construiu a cidade de Alexandria num local que considerou o melhor porto da bacia oriental do Mediterrâneo.**

Uma malha de ruas paralelas, parecida com a de Nova Iorque, cruzava a cidade, com canais subterrâneos anexos para assegurar um sistema de drenagem eficiente, enquanto duas esplêndidas avenidas com cerca de setenta metros de largura e decoradas com colunatas se cruzavam no centro da cidade.

Nesse ínterim, tendo dado ordens para que se prosseguisse com o plano geral, Alexandre levantou acampamento e dirigiu-se para oeste pelo deserto até o oásis de Siwa, onde queria rezar no famoso templo do deus Zeus Amon e ouvir o que o Alto Sacerdote e o oráculo tinham a lhe dizer. Dado que esse último o aclamou como nada menos que o próprio filho do deus, ele retomou feliz a Alexandria, com seu ego bem reforçado, e lançou a pedra fundamental da cidade em 7 de abril de 331 a.C. Partiu algumas semanas depois para nunca mais retomar em vida, embora seu corpo tenha sido trazido de volta por seu sucessor Ptolomeu I Sóter e enterrado em uma magnífica tumba chamada Soma.

É difícil dizer se Alexandre tinha ou não a intenção de que a cidade se transformasse, em um período de poucas décadas, no mais influente centro cultural e comercial do mundo ocidental, eclipsando Cartago e Pérgamo e suplantando Roma. Certamente, ele planejava que ela substituísse Mênfis como a capital do Egito e se tornasse o mais importante porto da região. Porém, suas ambições podem ter sido ainda maiores. Ter Aristóteles como tutor o transformara em um intelectual e em um homem de ação, preocupado tanto com arte e ciência quanto com guerra e política. Por ser um homem de visão, ele teria sentido que a cidade projetada por Deinócrates atrairia inevitavelmente não só comerciantes ricos, mas também eminentes estudiosos, artistas e homens de ciência.

Mas se Alexandre da Macedônia foi o fundador efetivo de uma cidade que se tornaria o epicentro do pensamento grego e romano dos novecentos anos seguintes, temos de agradecer também a seus sucessores imediatos, os três primeiros Ptolomeus, pela criação de seu singular centro de saber.

Cabem, portanto, algumas palavras sobre esses três primeiros reis gregos da trigésima segunda e última dinastia dos faraós do Egito, sem os quais provavelmente nunca teria existido a antiga Biblioteca de Alexandria nem, consequentemente, um renascimento multimilionário cerca de vinte e três séculos depois.

# II

## A casa de Ptolomeu

Quando Alexandre Magno morreu repentinamente em 323 a.C., o vasto império que criara foi repartido entre seus generais, e o Egito coube a Ptolomeu, filho de um obscuro comandante de guarnição macedônio chamado Lagos, que tivera a sorte, ou a perspicácia, de casar-se com uma segunda prima em segundo grau e ex-amante de Filipe da Macedônia, o pai de Alexandre.

Dez anos mais velho que seu antigo comandante-chefe, Ptolomeu não se autoproclamou imediatamente rei ou faraó, governando por quase dezesseis anos como sátrapa (a palavra persa para vice-rei) em nome de um poder macedônio instável.[9] Somente em 306 a.C., quando todos os herdeiros legais de Alexandre já haviam falecido, é que Ptolomeu decidiu assumir o diadema real e fundou a dinastia que governaria o Egito até que este se tornasse um estado satélite romano cerca de trezentos anos depois.

[9] Alexandre Egus, filho (e herdeiro) de Alexandre com sua esposa Roxana, nasceu postumamente e foi mantido sob a proteção de Perdigão, Peta e Antípater. Quando este último morreu, em 319 a.C., Roxana fugiu com o filho para Épiro, onde estava sua avó paterna Olímpia. Mas os três foram levados de volta para a Macedônia por Poliperconte; ali caíram nas mãos de Cassandro, que ordenou a morte do garoto e de sua mãe em 309 a.C.

Autocrático e ambicioso, tendo como seu brasão pessoal uma águia, o que combinava bem com seu nariz aquilino, ele não tinha nenhuma intenção de limitar seu poder apenas ao Egito. Na tradição de certos faraós agressivos do passado, como Sesóstris III (1842-1797 a.C.), considerava que "aquele que não vai além de suas próprias fronteiras é um verdadeiro..." — a palavra que falta é uma obscenidade entendida somente pelos iniciados.

Assim, ele se apropriou da vizinha Cirene, ocupou o sul da Síria, conquistou Chipre, invadiu as Ilhas Egeias e colocou tropas até mesmo na Grécia continental, indo mais longe do que qualquer faraó anterior no desenvolvimento e na exploração da costa mediterrânea do Egito, e fez sentir sua influência em lugares tão distantes como o Bósforo da Crimeia.

Como um verdadeiro potentado oriental, Ptolomeu considerava o reino e seus recursos sua propriedade particular, e seu talento para administrar fez com que se assegurasse que a grande desordem econômica e social deixada pelos ocupantes persas, que haviam governado o país por uma década antes que Alexandre os expulsasse, fosse rapidamente corrigida. Assim, quando ele assumiu as insígnias tradicionais de faraó, o Egito era novamente um estado próspero.

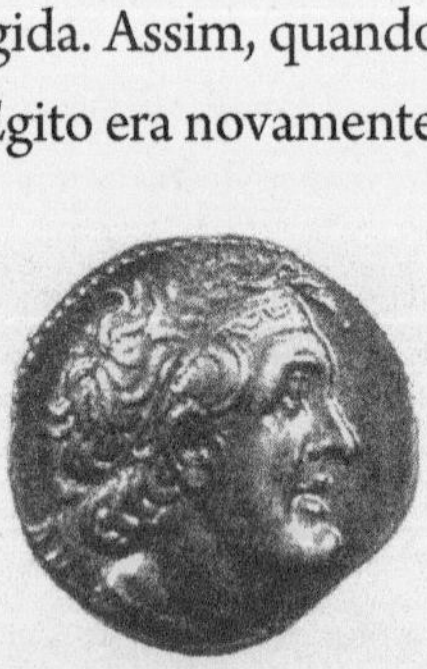

**Ptolomeu I Sóter, fundador da dinastia dos Ptolomeus, apoiou com todos os seus recursos o primeiro projeto para a construção da grande Biblioteca.**

Apesar de sua natureza autocrática, Ptolomeu sabia se rodear de conselheiros capazes e seguir seus conselhos. E um dos primeiros conselhos que lhe deram foi identificar-se com as tradições religiosas da nação.

Ele já havia se certificado de que Alexandre fosse deificado enquanto seu cadáver era exposto à visitação pública em Mênfis antes de ser enterrado no Soma, um magnífico mausoléu construído especialmente para ele em Alexandria. Portanto, não precisou ser forçado a seguir a tradição e, no momento certo, e em verdadeiro estilo faraônico, a assumir o papel de monarca absoluto com todos os acessórios de um semideus.[10]

Afortunadamente para a posteridade, Ptolomeu I não era apenas um tirano sedento de glória com ilusões megalomaníacas de grandeza divina, mas um homem de letras com uma queda por tudo que estivesse ligado ao intelecto. Podemos agradecer a ele por uma história das campanhas de Alexandre, cuja maior parte ele vivenciou pessoalmente, e, evidentemente, o mais importante, por ter alçado Alexandria a uma posição de destaque cultural no Mediterrâneo, ao atrair para lá os melhores cérebros do mundo grego.

Entre esses, como veremos, estava um homem que sugeriu pela primeira vez a criação de uma biblioteca real, um projeto que Ptolomeu I apoiou com todos os seus recursos e que se tornou realidade cerca de doze anos antes de sua morte, em 282 a.C.

[10] Embora já deificado como Salvador (Sóter), Ptolomeu I reivindicou sua descendência do deus grego Dioniso. Por isso, esse deus foi sobreposto ao deus egípcio existente, Osoro-Ápis, quando foi criado Serápis, o deus padroeiro de Alexandria.

O sucessor de Ptolomeu I Sóter foi Ptolomeu II Filadelfo (amante da própria irmã),[11] que seguiu os passos do pai tanto na política quanto na cultura.

Esse "rei-sol" amante do prazer e erudito foi responsável por uma verdadeira drenagem de cérebros de poetas, cientistas, matemáticos e médicos dos quatro cantos do mundo civilizado para sua brilhante corte em Alexandria, que se tornou um cadinho de nacionalidades.

Houve até o estabelecimento de relações diplomáticas com o rei Asoka, da Índia, e uma das famosas inscrições dos Editos de Pedra na montanha sagrada de Girnar faz menção específica a Ptolomeu II. Também não era incomum ver monges budistas passeando pelas ruas de Alexandria e mulheres indianas com vacas brancas sagradas participando de procissões reais.

Porém, o acontecimento mais comentado de seu reinado foi seu casamento com sua irmã Arsinoé II,[12] onze anos mais velha e, para completar, viúva de seu meio-irmão mais velho, Cerenau.

11 Ptolomeu Sóter casou-se duas vezes. Sua primeira esposa foi Eurídice, irmã de Cassandro, que, depois de se livrar do herdeiro de Alexandre, proclamara-se rei da Macedônia. Eurídice deu a Ptolomeu um filho, Ptolomeu Cerenau, e, enquanto ainda estava casado com ela, ele tomou como esposa uma atraente viúva de Cirene chamada Berenice. Ela foi a mãe do garoto que ele escolheu como seu herdeiro em detrimento de seu filho mais velho.

12 Essa mulher autoritária, traiçoeira e ambiciosa, filha de Ptolomeu Sóter e Berenice, casara-se com o rei da Trácia (sogro de seu irmão adotivo) e não pensou duas vezes em mandar assassinar seu filho adotivo Agótocle para assegurar o trono a um de seus próprios filhos. Após a morte de seu marido, no entanto, ela aceitou casar-se com seu meio-irmão Ptolomeu Cerenau, então o senhor da Trácia, que rapidamente matou os dois filhos dela e a baniu da Samotrácia. Dali ela fugiu para o Egito e conseguiu persuadir seu irmão mais jovem, Ptolomeu II, a desposá-la. Para lhe fazer justiça, é preciso dizer que ela era uma mulher muito culta e uma grande patrocinadora das artes. Com toda certeza, devem-se em grande parte a ela o interesse de seu marido-irmão por manuscritos originais e o rápido desenvolvimento do Museu e da Biblioteca durante seu reinado.

Qualquer forma de incesto era desaprovada pelos gregos, e fazia mais de mil anos que ele não era adotado pelos faraós do Egito. Mas isso não o impediu de casar-se com a dama, mesmo ainda estando casado com outra Arsinoé,[13] nem o impediu de deificar a eles mesmos como os *Theoi Adelphoi* (Irmão e Irmã Divinos) do país e de se autodenominar Filadelfo para que não houvesse dúvida sobre seu amor pela nova rainha.

Provavelmente havia também um motivo político por trás de tudo isso, isto é, consolidar o controle da família no poder sobre o povo e tornar ilegítima qualquer reivindicação externa ao trono. Com o sangue puro de Ptolomeu Sóter em suas veias, somente eles e seus descendentes poderiam ser considerados os legítimos faraós. Não se deve esquecer que Ptolomeu II não era o primogênito de Sóter, portanto sua legitimidade podia ser contestada.

Apaixonado colecionador de livros, Ptolomeu II Filadelfo adquiriu todos os papiros e rolos que podia conseguir, até mesmo bibliotecas inteiras, como a de Aristóteles, embora os historiadores tenham discutido durante séculos se realmente a obteve inteira. Assim, ao final de seu reinado de quase quarenta anos, os livros transbordavam da Biblioteca para os escritórios e armazéns reais, por isso foi tomada a decisão de construir uma segunda biblioteca para abrigá-los todos.

O projeto foi concretizado por seu filho Ptolomeu III Evergeta,[14] e uma biblioteca filha foi incorporada ao vasto Serapeum, o templo dedicado ao novo deus padroeiro de Alexandria, Serápis, criado especialmente por ordem do avô do rei, Sóter.

[13] Filha do rei da Trácia, foi exilada para Copto, no Alto Egito, com base no que evidentemente foi uma acusação fabricada de conspiração contra seu marido.

[14] Filho de Ptolomeu II Filadelfo e de sua primeira esposa, Arsinoé I.

Ptolomeu III, conhecido como o Benfeitor (Evergeta), expandiu as fronteiras mais do que qualquer faraó desde os dias gloriosos de Ramsés II, mil anos antes. Ao desposar Berenice, filha do rei de Cirene, acrescentou toda a Cirenaica às suas possessões, e, graças a uma série de brilhantes campanhas na Síria, tornou-se soberano de uma parte da Ásia Menor que chegava até a Babilônia.[15]

Felizmente, como seu pai e seu avô, também era um grande patrocinador das artes. Bibliófilo apaixonado, comprava carregamentos inteiros de livros e se dispunha a gastar fortunas para obter códices ou papiros raros.

Depois dele, porém, os dias tranquilos do Museu e da Biblioteca chegaram ao fim com os sucessivos Ptolomeus vitimados pela degenerescência e por ataques de loucura, demonstrando indiferença e, depois, clara hostilidade para com o grande centro de cultura.

Mas aqueles 75 anos de intenso patronato real colocaram esse epicentro do saber em uma posição de influência que o mundo ocidental não vivenciaria novamente por muito tempo, até a chegada do Renascimento, cerca de dezesseis séculos depois.

"O homem põe, mas Deus dispõe", disse Tomás à Kempis no século 15. E faz parte de uma sequência de acontecimentos curiosa, e no entanto lógica, o fato de que a ideia de criar uma grande biblioteca e centro de pesquisa em Alexandria tenha sido proposta ao novo deus encarnado do Egito, Ptolomeu I Sóter, por um homem que estava muito familiarizado com os caprichos de um déspota — já que ele próprio era um —, especialmente no que dizia respeito ao estabelecimento de um refúgio de cultura de primeira grandeza.

[15] Cerca de 160 km ao sul da Bagdá moderna.

# ~ III ~

## Demétrio Falereu

Demétrio Falereu tinha pouco mais de quarenta anos quando o navio que o transportava da Grécia adentrou o grande Porto Oriental em Alexandria, na primavera de 304 a.C.

Era um homem bonito, com feições clássicas enquadradas por cabelos encaracolados claros, e barba, e arrogantes olhos azuis que pareciam avaliar friamente o mundo a seu redor.

Seu olhar varreu da Ilha de Faro, que protegia o porto, até o norte, ao longo do Heptatstadium, o molhe de 1,6 km de comprimento que a ligava ao continente pelo imponente Portão da Lua, passando pelo mármore cintilante dos palácios reais no Bruquíon, a parte grega da cidade, que dominava o porto do lado oposto ao local onde o grande Farol seria construído 25 anos depois.

Por um momento, um grupo de soldados marchando ao longo dos cais na direção de seu navio chamou sua atenção. Era a guarda real enviada para escoltá-lo até a presença do rei e, embora fosse pequena, avistá-la reanimou seu orgulho despedaçado.

Até alguns meses antes, Demétrio tinha sido um dos jovens mais poderosos e bem-sucedidos do mundo grego, e poucos de seus contemporâneos conseguiam igualar sua fama como orador, poeta e filósofo ou rivalizar seu poder como senhor absoluto de Atenas, que ele governara desde a idade de 28 anos em nome de Cassandro, outro general de Alexandre, que se tornara soberano da Macedônia.

Nascido de uma família rica e influente, ele recebera a melhor educação que o dinheiro podia comprar, culminando em uma longa temporada no Liceu de Aristóteles, onde convivera com todos os que contavam do ponto de vista cultural. Talvez ele tivesse sido um modelo para o rei filósofo de Platão, ao reunir cérebro e poder muscular, se Poliorceta não tivesse estragado a brincadeira com um golpe de Estado, que frustrara seus planos e o obrigara a fugir de modo humilhante para Tebas, a antes poderosa capital da Beócia, que Alexandre reduzira a cinzas alguns anos antes.

Entretanto, enquanto era obrigado a esperar ali por um longo tempo, imaginando o que fazer, inesperadamente chegou o convite de Ptolomeu I Sóter para que ele fosse a Alexandria. Farejando que ali estava uma boa oportunidade, Demétrio não perdeu tempo e embarcou no primeiro navio que zarpava para lá.

Agora, enquanto caminhava pela agitada zona portuária, com os guardas abrindo-lhe caminho em meio à multidão de egípcios, gregos, cirenos, romanos, núbios, comerciantes e marinheiros de todo o mundo conhecido, ele sentia que fizera a escolha certa. A cidade fora criada há apenas 35 anos e, no entanto, já tinha o jeito e a aparência de uma importante metrópole internacional. Aqui, ele decidiu, seus talentos como político e homem das artes poderiam ser úteis e assegurar-lhe a posição de destaque que lhe era devida. E como ele estava certo...

Como ele, seu anfitrião era um soberano, mas também um intelectual, com um respeito ilimitado por quaisquer pessoas que estivessem de alguma maneira ligadas a Aristóteles e ao Liceu, além de ser aparentado por casamento a Cassandro, ex-patrono de Demétrio. Assim, não demorou muito para que esse déspota exilado de Atenas encontrasse um lugar ao sol no esparramado palácio real de Alexandria.

Não se sabe se ele ocupou algum posto no governo, mas logo se tornou a eminência parda por trás do trono, aconselhando o rei em assuntos legais, de política exterior, e sobre a nova constituição do Egito ptolemaico.

Demétrio era um oportunista e fazia intrigas políticas, mas acima de tudo era um homem de letras para quem a cultura era quase sempre mais importante do que a cruel diplomacia da época. E, possivelmente, foi a nostalgia pelo tempo que passara no Liceu ou pela década em que conseguira se cercar dos principais filósofos, poetas e oradores de seu tempo que o levou a sugerir ao rei a criação de um centro de cultura e pesquisa em Alexandria que rivalizaria com os de Atenas, Pérgamo e Cirene, e transformaria a cidade no epicentro da erudição.

O resultado foi a formação do que se tornaria a primeira grande biblioteca e centro de pesquisa internacional.

Abrigado no recinto real, o acesso ao Museu e à Biblioteca era limitado de início aos convidados do rei. Mas rapidamente, à medida que o número de rolos e códices cresceu e que sábios locais e estrangeiros eram convidados a estudar ali, o local se transformou em um lugar de estudo público para eruditos reputados, muito semelhante à Nuffield College, em Oxford.

Os boatos, que se tornaram lenda, diziam que Demétrio começou simplesmente sugerindo que Ptolomeu I reunisse uma coleção de livros sobre a realeza e o exercício do poder para uso próprio. E tendo obtido consentimento para isso, persuadiu o monarca de que uma biblioteca digna de um faraó deveria abrigar cópias de todas as obras importantes já escritas. Um projeto ambicioso e caro, pois envolvia a compra ou cópia de algo entre quatrocentos e quinhentos mil pergaminhos.

Mas Ptolomeu I tinha os meios e a força para fazê-lo, e logo emissários foram enviados a todos os centros acadêmicos do Mediterrâneo e do Oriente Médio para adquirir, pedir emprestado ou surrupiar os trabalhos dos principais poetas, dramaturgos, filósofos e matemáticos. Em alguns casos, Demétrio, que tinha carta branca, tentou comprar bibliotecas inteiras, e quando o ouro ou a pressão política não surtiam efeito, ele e seu mestre recorriam à astúcia. Os barcos que atracavam em Alexandria ou em qualquer outro porto egípcio eram revistados em busca de manuscritos, que, se encontrados, eram confiscados e depositados em armazéns, só sendo devolvidos depois que deles fossem feitas cópias. Eles ficariam conhecidos como os "livros de barco", e tinham sorte os donos que recebiam de volta os originais.

A ética também era jogada ao mar no que dizia respeito aos manuscritos originais de Ésquilo, Eurípides e Sófocles, normalmente mantidos nos arquivos estatais de Atenas e nunca emprestados. Ptolomeu III Evergeta, seguindo os hábitos de seu pai e de seu avô, persuadiu o governo ateniense a lhe emprestar os valiosos trabalhos contra uma caução astronômica, a qual alegremente resgatou quando devolveu as cópias e manteve consigo os originais.

Aceita-se em geral que o fruto da imaginação de Demétrio tomou forma por volta de 295 a.C. Quando ele morreu, quinze anos mais tarde, o lugar já era o ponto de encontro dos mandachuvas da cultura helênica. Contudo, por volta de 286 a.C., no auge de seu prestígio e influência, a vaidade e o gosto pela intriga de Demétrio levaram a melhor e ele cometeu a imperdoável tolice de se intrometer na questão da sucessão real.

Como vimos, seu amigo e patrono Ptolomeu I Sóter se casara duas vezes. Primeiro com a régia Eurídice, filha de Antípater e irmã de Cassandro, depois com uma atraente viúva de Cirene chamada Berenice. As duas damas aparentemente se davam bem e viveram um triângulo amoroso satisfatório com o marido, até que ele começou a mostrar uma clara preferência pelo filho de Berenice e ignorar o de Eurídice, o primogênito, que, por regra, deveria sucedê-lo. Demétrio, avaliando que o rei acabaria seguindo a razão e se inclinaria por seu herdeiro de direito, começou ativamente a aconselhar Ptolomeu I a não tornar seu favorito cofaraó, como estava propondo.

Obviamente, porém, de nada valeram nem os conselhos de Demétrio nem a defesa de Eurídice, e o garoto em questão foi elevado ao *status* real em 285 a.C.

Apostar no cavalo errado acabou sendo a ruína de Demétrio. Ptolomeu II Filadelfo, como o novo faraó seria conhecido, ficou sabendo do ocorrido e nunca o perdoou. Quando, em 282 a.C., Ptolomeu I morreu, deixando-o como o único soberano do Egito, ele se vingou. Demétrio foi de novo banido, dessa vez para sempre, para um inóspito vilarejo no Delta.

Lá, segundo a história, o homem a quem o mundo pode agradecer pela primeira biblioteca e centro de pesquisa internacional, morreu de uma picada de cobra quando fazia a sesta. O mais provável é que tenha sido morto a mando do faraó, com uma maciça dose de veneno em seu almoço.

## ~ IV ~

# O primeiro dos matemáticos: Euclides

Todos que já suaram em sala de aula com problemas de geometria conhecem Euclides, embora, provavelmente, poucos tenham consciência de que ele viveu em Alexandria há 2.300 anos, e que foi o primeiro grande matemático do mundo antigo a ter um impacto duradouro em nossa civilização. Reconhece-se que alguns intelectuais no Egito, mais ou menos catorze séculos antes, já eram muito bons em matemática, como o Papiro de Ahmés[16] (c. 1700 a.C.) demonstra, mas eles davam mais ênfase à aritmética e à álgebra do que à geometria, embora soubessem calcular a área do quadrado e do triângulo e tivessem formulado uma excelente regra para obter a área do círculo, subtraindo um nono do diâmetro e elevando ao quadrado o resto. E, é evidente, dois séculos antes dele, existiu Pitágoras[17] mas nenhuma de suas obras subsiste, e é graças a Euclides, autor de *Elementos, Dados, Ótica, Sobre as divisões e Fenômenos* que sabemos algo sobre seus conceitos matemáticos.

[16] O mais importante manuscrito antigo conhecido.

[17] Pitágoras, nascido em Samos por volta do século VI a.C., era filósofo e matemático. A tabuada e o sistema decimal podem ser consideradas suas descobertas principais.

Assim Euclides leva a palma como o homem que realmente formulou as teorias e conceitos que se tornaram a base a matemática moderna.[18]

Não sabemos muito sobre a vida de Euclides, exceto que nasceu no Egito por volta de 330 a.C., provavelmente em Racótis; assim, teria crescido ao mesmo tempo que as muralhas e edifícios da nova cidade. Devia vir de uma família culta e de posses, pois foi enviado a Atenas para completar sua educação, e foi lá que recebeu a formação de matemático de um aluno de Platão. Com certeza, despertou a atenção de Demétrio Falereu, que na época era o Tirano de Atenas, o que explicaria por que, com a restauração da "Antiga Democracia" em Atenas e a transferência de Demétrio para Alexandria, Euclides recebeu um convite de Ptolomeu I Sóter para voltar à sua cidade natal e lá fundar uma escola de matemática. Isso aconteceu em torno da virada do século, quando Euclides beirava os trinta anos.

De volta a Alexandria, ele logo teria passado a fazer parte da elite que se reunia no Palácio sob o patronato do faraó e a influência de Demétrio.

Era um grupo inteligente, constituído de homens como o historiador Maneton, Zenódoto de Éfeso — que se tornaria o primeiro bibliotecário-chefe oficial — e Filetas de Cós, poeta e crítico escolhido por Ptolomeu para tutor de seu filho depois que o filósofo Estratão, que também fazia parte do grupo, partiu para dirigir o Liceu em Atenas. Sem esquecer Teócrito, o criador da poesia pastoral, Aristarco de Samos, o astrônomo, e o cirurgião Herófilo.

[18] Algumas de suas outras são *Elementos de música, Porismas e Cônicas.*

A fama duradoura de Euclides deriva basicamente de seu *Elementos*, uma vasta obra de quinze volumes nos quais ele incorporou tanto sua própria teoria quanto a de mestres anteriores, como Hipócrates de Quio,[19] que escreveu, por volta de 460 a.C., o primeiro livro sobre os elementos da matemática, e Têudio, cujo manual teria conhecido na Academia em Atenas, já que Aristóteles se baseara nele para as suas *Ilustrações*. Também estavam incluídos os teoremas de Eudóxio de Cnido,[20] amigo de Platão, que descobrira que o ano solar era apenas seis horas mais longo que os 365 dias e foi o primeiro homem a dar uma explicação científica para o deslocamento dos planetas.

Mas sua fonte principal foi Pitágoras, e os primeiros cinco livros dos *Elementos* representam a essência da geometria pitagórica, a tal ponto que houve dúvidas sobre quem foi realmente responsável pelo famoso postulado número 5 sobre as paralelas. Mas dado que Aristóteles não o menciona em seus trabalhos, agora, em geral, se aceita que foi Euclides.

A marca registrada da geometria euclidiana era o uso que ele fazia dos "postulados"; em outras palavras, de hipóteses sem prova. Durante séculos, eminentes matemáticos tentaram prová-los, mas como era de se esperar, sem sucesso, e os *Elementos* continuaram

[19] Geômetra grego famoso por três realizações: a) um tratado sobre os elementos básicos da matemática, conhecido graças às citações feitas por Proclo e Simplício, mil anos mais tarde; b) o teorema de que a área de dois círculos tem a mesma proporção que os quadrados de seus diâmetros; c) a descoberta sobre médias proporcionais. De acordo com Aristóteles e a tradição, Hipócrates era um comerciante prejudicado por oficiais da alfândega que aprendeu geometria quando residia em Atenas para processá-los.

[20] 408-355 a.C. Sábio, matemático e astrônomo grego que estudou na Academia de Atenas antes de ir para o Egito, onde permaneceu durante muito tempo com os sacerdotes em Heliópolis e iniciou suas observações astronômicas. Fundou uma escola em Cízico.

sendo a bíblia dos matemáticos (e, de fato, a segunda obra de maior vendagem depois da Bíblia), imutável e inconteste até 1823, quando um amador húngaro de 23 anos chamado Johannes Bolyai surgiu com A *ciência absoluta do espaço*, uma nova e consistente forma de geometria e a primeira não baseada na de Euclides. Mas mesmo sendo revolucionária, ela não substitui o sistema existente, e parece que um manual que substitua o de Euclides não foi nem nunca será escrito.

Diferentemente dos de Pitágoras, a maioria dos trabalhos de Euclides chegou até nós. Isso se deve em grande parte ao fato de que foram cuidadosamente copiados, catalogados e guardados na famosa Biblioteca, e, quando esta deixou de existir, estavam preservados em traduções para o latim e para o árabe. Também matemáticos posteriores, como Herão e Papo de Alexandria, escreveram extensos comentários sobre os trabalhos de Euclides, e Teão, o pai da malfadada Hipácia, chegou mesmo a produzir, no século IV d.C., uma edição revista na qual se basearam todos os textos e traduções gregas subsequentes. Curiosamente, embora se afirmasse que uma obra latina perdida teria sido encontrada por volta de 500 d.C., as obras de Euclides só foram traduzidas para o árabe pelo califa Haroun al Rashid por volta de 800 d.C., e só foram passadas para o latim três séculos depois, quando Atelardo de Bath[21] viajou à Espanha, disfarçado de estudante muçulmano, e obteve uma

[21] Atelardo de Bath realizou a primeira tradução sobrevivente do árabe para o latim por volta de 1120. Cerca de cinquenta anos mais tarde, Gerardo de Cremona traduziu quinze livros de Euclides, além dos *Comentários sobre os livros I a X* de autoria de um certo an-Nairizi (c. 900 d.C.). A primeira tradução impressa foi a de João Campano, no século 13 (consideravelmente baseada na de Atelardo), e a primeira tradução do grego foi feita por Bartolomeo Zamberti em Veneza em 1505.

cópia dos *Elementos*. Mas foi só em 1533 que a primeira tradução do grego apareceu em Veneza, logo seguida por uma tradução inglesa feita por *Sir* Henry Billinsley, prefeito de Londres, com um prefácio de John Dee, famoso astrólogo e matemático. Era uma bela edição com mais de 900 páginas *in folio* intitulada *The elements of géométrie of the most ancient philosopher Euclide of Megara. Faithfully (now first) translated into the english tongue by H. Billinsley, Citizen of London [Os elementos da geometria do mais antigo filósofo Euclides de Mégara. Fielmente (agora pela primeira vez) traduzido para a língua inglesa por H. Billinsley, cidadão de Londres]*.

É evidente que nosso Euclides não era um filósofo, nem era de Mégara, uma antiga cidade grega localizada entre Ática e Corinto. A confusão com esse outro Euclides,[22] aluno de Sócrates e contemporâneo de Platão, surgiu na Idade Média, e o erro só foi corrigido alguns anos depois que a edição inglesa foi impressa por um certo Comandino, que produziu a mais importante versão latina em 1572.

De maneira bastante surpreendente, com todo o interesse pelos *Elementos* e a enorme influência que esse grande matemático alexandrino teve sobre a ciência das quantidades — de certo modo, Euclides foi para a matemática o que Newton foi para a gravidade e Einstein para a relatividade —, quase nada subsiste sobre sua pessoa, como se ele tivesse sido totalmente eclipsado pela magnitude e pelo brilho de sua obra. Tudo o que temos são algumas anedotas, relatadas por um filósofo do século V chamado Proclo, a partir das quais podemos vislumbrar um vago perfil de sua personalidade.

[22] 450-374 a.C., fundador da escola megariana de filosofia.

Na primeira, quando ele está ensinando a seus alunos uma proposição geométrica e um deles tem o azar de perguntar qual o uso prático disso, Euclides se sai com a resposta: "Deem a ele uma moeda, pois ele precisa ganhar dinheiro com o que aprende".

Na outra, Euclides está caminhando com o rei e Demétrio Falereu pelos jardins do Museu, tentando explicar em termos simples um de seus famosos postulados. À impaciente pergunta de Ptolomeu: "Não existe um caminho mais curto em geometria do aquele dos *Elementos*?", Euclides dá uma resposta irônica e um tanto pedante: "Senhor, em geometria não existem caminhos reais".

A propósito, vale notar que os únicos instrumentos permitidos por Euclides na geometria eram, em deferência aos desejos de Platão, a régua e o compasso.

## V

# O primeiro dos homens de medicina: Herófilo de Calcedônia

Tanto os gregos quanto os egípcios da Antiguidade possuíam, no que diz respeito à medicina, tradições antigas e inter-relacionadas.

Imhotep, sábio da III dinastia e grão-vizir do faraó Djoser, foi a primeira pessoa a ser deificada por sua atividade como médico. (Foi ele que planejou a Pirâmide dos Degraus em Saqqara, o primeiro grande monumento de pedra do mundo e túmulo de Djoser, mas não foi promovido por isso.)

Imhotep era identificado pelos gregos com Asclépio, deus da medicina, o qual, por sua vez, reivindicava ser discípulo de Toth Hermes, deus egípcio da criação. Assim, não surpreende que a medicina fosse uma das ciências que mais florescia na Alexandria greco-egípcia no início do século III a.C.

Herófilo era originário da Calcedônia, uma antiga cidade marítima da Ásia Menor, mas estudara medicina em Cós, a ilha onde Hipócrates[23] fundara a primeira Escola de Medicina Científica

[23] O maior dos homens de medicina da Antiguidade nasceu por volta de 460 a.C. na Ilha de Cós, e teria morrido em Larissa com idade entre 85 e 110 anos!

duzentos anos antes. Desconhece-se por que ou quando partiu, pois quase não existem registros de sua juventude. Provavelmente foi atraído para o Egito, como vários outros estudiosos, pelas vantagens financeiras e científicas que a Alexandria ptolemaica oferecia. Tudo o que sabemos é que na virada do século ele já havia estabelecido para si uma reputação de primeira classe e era benquisto na corte.

O que Herófilo fez de particularmente importante, e que o coloca em vantagem em relação a outros cirurgiões, é que foi o primeiro homem de sua profissão a realizar exames *post mortem* sistemáticos. Uma prática que lhe rendeu críticas desrespeitosas de seus colegas anatomistas e censuras, mesmo quatrocentos anos depois, de Tertuliano,[24] que se referia a ele como "aquele açougueiro que cortou em pedaços centenas de seres humanos para poder estudar a natureza".

Até o surgimento de Herófilo, a profissão médica grega aderira estritamente à tradição e à disciplina de Hipócrates, o chamado Pai da Medicina, seguindo um rígido dogma de descrição de doenças e observações físicas enunciadas em um conjunto de obras médicas chamadas *Coleção Hipocrática*. E talvez não fosse coincidência o fato de que estas surgissem em Alexandria bem naquele momento, como se para contrabalançar as técnicas revolucionárias de Herófilo, que lhe possibilitavam conhecimentos novos e diretos sobre o funcionamento do corpo humano e o tornavam o expoente de vanguarda dos sistemas nervoso e glandular.

Pois, depois de ter dissecado o olho e seguido os seios nasais até seus pontos de encontro — ainda hoje chamado *torcular Herophili*,

[24] Cartago, 155-222 d.C. O primeiro dos apologistas cristãos a escrever em latim.

em sua homenagem —, ele se dedicou ao estudo do cérebro e provou que era ele, e não o coração, como pensava Aristóteles, o centro do sistema nervoso. Em seu fervor de dissecção, ele também estudou o pâncreas, as glândulas salivares e os aparelhos sexuais masculino e feminino.

Galeno, filósofo-matemático-cirurgião grego, que estudou medicina em Alexandria e se tornou o médico pessoal do imperador Marco Aurélio, não economizava elogios a Herófilo e seus métodos. "Seu conhecimento dos fatos era extremamente preciso porque suas observações não eram feitas em animais e sim em seres humanos", escreveu, referindo-se às afirmativas de Herófilo sobre as artérias e veias do ovário, assim como sobre os métodos de diagnose.

De fato, um dos resultados de seu novo método de pesquisa foi que, pela primeira vez, certos órgãos humanos foram descritos corretamente e um novo jargão médico passou a ser usado com os nomes inventados por Herófilo, ligando-os a coisas que o rodeavam em Alexandria. Por exemplo: *calamus scriptorius*, porque achava um ventrículo do cérebro parecido com uma pena; ou *pharaoid*, para o processo estiloide que lembrava o grande novo Farol de Faro.

No entanto, apesar das técnicas de pesquisa controversas, Herófilo continuou a ser um adepto convicto dos poderes curativos dos remédios, das dietas e da ginástica, e escreveu vários livros sobre o assunto. Basicamente, ele utilizava a cirurgia para obter um melhor entendimento do funcionamento do corpo humano e não para eliminar o que estava errado. Escreveu também sobre as causas da morte súbita, e produziu um manual muito prático sobre o parto para uso das parteiras.

A escola de Herófilo dominou a cena médica alexandrina durante gerações, ainda que certos alunos, como Calímaco (não confundir com o famoso poeta da corte) e Filino de Cós tenham fundado grupos rivais que competiam com o de seu mestre, e, no caso dos empiricistas, como os seguidores de Filino, tenham ficado conhecidos porque pregavam métodos opostos, abandonando totalmente o estudo da anatomia e concentrando seus esforços no tratamento experimental de doenças e nos precedentes bem-sucedidos. Essas divergências só seriam superadas no século I a.C. por Heráclides de Taranto, um importante empiricista que, na verdadeira tradição herofiliana, praticava tanto a anatomia cirúrgica quanto os métodos experimentais empíricos de cura.

Assim, foi em grande parte graças a Herófilo que Alexandria não só se tornou e permaneceu durante séculos o epicentro da excelência médica, mas foi também a primeira cidade mediterrânea onde se podia seguramente encontrar um especialista em olhos, dentes e estômago, assim como no que se denominava "doenças invisíveis", isto é, os distúrbios do sistema nervoso.

Outro anatomista grego, menos conhecido que Herófilo, que também se estabeleceu em Alexandria naquela época, foi Erasístrato. Ele é lembrado por seus estudos sobre o cérebro, cujo funcionamento conhecia melhor do que qualquer outro em sua época, e por suas investigações sobre a bile, o fígado, o pâncreas e coração humano. E também porque inventou um pequeno instrumento, um tanto desconfortável, chamado cateter, um tubo delgado que os médicos às vezes ainda utilizam para examinar as chamadas cavidades corporais ou, em termos mais prosaicos, para retirar urina da bexiga.

Isto mostra quão modernos em aparência e prática eram aqueles físicos alexandrinos de há mais de dois mil anos.

## ~ VI ~

## O primeiro dos historiadores: Maneton

A primeira coisa que aprendemos sobre os faraós do Egito antigo é que pertenciam a dinastias, começando com a Dinastia 0, aquela do legendário Mena (c. 3200 a.C.), que uniu o Alto e o Baixo Egito e fundou Mênfis, até a última, a XXXI Dinastia, a ptolemaica, que se extinguiu quando Cleópatra se suicidou em 30 a.C.

O homem que primeiro listou esses governantes do Egito antigo foi um sacerdote e historiador chamado Maneton, que também fazia parte do séquito de Ptolemeu I. Nativo do Egito e único elemento local dentro de um círculo social exclusivamente helênico, era um estranho nesse ninho cultural, pois eram raros os homens letrados egípcios que alcançavam altos postos na corte ou no Museu e Biblioteca durante os trezentos anos de domínio ptolemaico.

São escassos os registros sobre sua vida, mas sabemos que nasceu em uma cidade do Delta chamada Sebenito, foi educado em Mendes[25] e depois em Heliópolis, onde se tornou sacerdote e subsequentemente Alto Sacerdote, provavelmente no templo do

[25] Também no Delta. Cidade natal, segundo Maneton, de quatro reis da XXIX Dinastia.

deus Osíris. Foi a partir dos registros secretos do templo que ele reuniu material para sua obra principal, a *Egipcíaca,* que cobria a história do Egito desde os tempos pré-dinásticos até Nectanebos, o faraó que reinara até a década em que Alexandre surgiria em cena.

Infelizmente, quase nada da *Egipcíaca* sobreviveu, e só a conhecemos por meio de Flávio Josefo, o soldado e historiador judeu que viveu no século I d.C. Em sua obra *Contra Apião,* Josefo cita dois longos trechos que mostram que a *Egipcíaca* era escrita como narrativa histórica baseada em registros antigos. O motivo pelo qual cita Maneton é que a *Egipcíaca* provava a antiguidade e as origens não egípcias do povo judeu e fornecia o único registro histórico da invasão do Egito pelo hicsos, os "Reis Pastores", como Maneton os chamava, que governaram o norte do Egito de 1663 a.C. a 1555 a.C., quando foram expulsos por Ahmose I, fundador do Novo Reino.

Parece que Maneton dava detalhes não somente da invasão dos hicsos, mas também da eleição de seu rei, de como transferiram sua capital de Mênfis para Avaris, no delta oriental, da revolta final dos egípcios contra ele, de sua partida (que Josefo identificava com o Exôdo) e de sua chegada à Judeia, onde fundaram Jerusalém. Além desses fatos históricos, parece que a *Egipcíaca* também fornecia inúmeros detalhes, como a descrição de almofadas de ar que eram usadas para o transporte de obeliscos. Eram feitas de couro curtido indestrutível e tratadas com o mesmo processo usado para preservar as múmias.

Entretanto, o que distinguia Maneton de outros historiadores de seu tempo não era a *Egipcíaca,* mas suas famosas *Listas de Reis,* que registravam para a posteridade o nome de praticamente todos os faraós com a datas de seus reinados e, mais importante: dividia-os entre as trinta dinastias.

Felizmente, embora os três livros que compõem a lista dos reis tenham sido perdidos, dois cronógrafos cristãos os registraram. Um era o viajante inveterado Sexto Júlio Africano[26] que se refere a eles em uma história do mundo desde a *Criação* até *Cristo* (5.499 anos no total, segundo ele), e cujos cálculos de datas foram adotados pela maioria das igrejas orientais. O outro era um monge bizantino chamado Giórgio Sincelo que, enclausurado em sua cela monástica na virada do século IX, elaborou listas para uma écloga[27] cronográfica na qual delineou a história do mundo, desde Adão até o imperador Diocleciano.

Devido às *Listas de Reis,* Maneton era aclamado como o cronista por excelência da civilização do Egito antigo quando Champollion decifrou a chave hieróglifa com a ajuda da Pedra de Roseta.[28] Todas as histórias dos faraós são baseadas na cronologia dinástica desse sacerdote egípcio, e as *Listas de Reis* permanecem até hoje como um elemento básico de egiptologia.

De modo bastante estranho, Maneton não recebeu em vida muitos créditos como historiador. Na verdade, nem ele nem Hecateu, seu contemporâneo, nem cronistas posteriores como Istro, Filisto ou Cáron provocaram muito impacto em suas épocas. Mas Maneton tinha um segundo trunfo na manga que o alçaria à dianteira da cultura alexandrina em outra especialidade.

Com o enorme afluxo de gregos para a nova capital do Egito,

[26] Historiador do século III d. C. que viveu em Emaús, na antiga Palestina.

[27] Poema pastoral curto.

[28] Bloco de granito negro, encontrado em Roseta, perto de Alexandria, por um oficial francês, em 1799. A Pedra da Roseta, em um mesmo texto, traz uma inscrição em hieróglifos, em egípcio demótico e em grego clássico. A partir da inscrição em grego, Jean-François Champollion decifrou a escrita hieroglífica, em 1822.

Ptolomeu I Sóter decidiu que a cidade precisava de um deus padroeiro próprio; uma divindade novinha em folha com a qual tanto os recém-chegados quanto os habitantes locais se identificassem. E Maneton foi um dos dois homens que o rei consultou sobre esse assunto.

A escolha real recaiu naturalmente sobre ele, dado que era totalmente versado nas sutilezas do panteão egípcio e também tinha um conhecimento completo do mundo grego e helenístico, assim, estava eminentemente preparado para encontrar uma solução aceitável para todos.

Nessa arriscada empreitada, na qual as suscetibilidades eram facilmente feridas, ele foi ajudado por Timóteo de Atenas, membro de uma família de sacerdotes envolvidos nos ritos de misteno e Deméter[29] e de sua filha Perséfone[30] em seus santuários de Elêusis e Delfos. Os dois tiveram a sorte de inventar uma divindade capaz de satisfazer às aspirações e sensibilidades religiosas tanto dos egípcios quanto dos gregos, bem como aos caprichos de um rei a cuja megalomania dinástica não era nada fácil de atender.

A divindade em questão era chamada Serápis, uma mistura de Osíris[31] e Ápis, respectivamente os nomes do principal deus dos mortos egípcio e do deus-touro de Mênfis, venerado como a reencarnação do deus Ptah. Habilmente retratado com o corpo e as feições do deus grego Zeus, era uma figura paterna que confortava

[29] A deusa Ceres dos romanos, deusa da agricultura e uma das principais divindades gregas.

[30] A filha que teve com Zeus, era a esposa de Hades (Plutão), que a levou para o Mundo Subterrâneo onde passava quatro meses por ano. Os outros oito, ficava com sua mãe, Deméter, e era venerada como a deusa da primavera. Ambas as deusas eram especialmente estimadas na Magna Grécia e na Sicília.

[31] Osíris, sua irmã Ísis e seu sobrinho Horo formavam a tríade dos deuses de On (Heliópolis).

e inspirava a população helênica da cidade.

As opiniões divergem quanto ao papel efetivo de Maneton nessa história toda, e, como de praxe, várias lendas estão ligadas a ela. De acordo com Tácito,[32] o que aconteceu foi que Ptolomeu I sonhara com um jovem semelhante a um deus, que, antes de ser carregado aos céus em um redemoinho de chamas, disse-lhe que mandasse buscar de Ponto[33] uma estátua particular. O rei logo consultou os especialistas nesse assunto, especialmente Maneton e Timóteo, que depois de três anos de dura barganha persuadiram o governante de Sínope, onde a estátua estava localizada, a permitir que Ptolomeu ficasse com ela. Por fim, a estátua chegou a Alexandria e foi colocada em um templo dedicado a Serápis e Ísis. Outras versões sustentam que Maneton ouviu falar de uma estátua que parecia preencher os requisitos e negociou sua compra sem que o rei soubesse. Plutarco[34] embelezou a história acrescentando que Maneton e Timóteo imediatamente identificaram a estátua, supostamente esculpida por Briáxis,[35] como sendo de Júpiter Dis, em outras palavras, Plutão, por causa de uma escultura de Cérbero com uma cobra a seu lado, e assim foram capazes de assegurar a Ptolomeu I que ela era, de fato, a manifestação do novo deus padroeiro de Alexandria, Serápis Plutão.

Qualquer que seja a verdade, Maneton deve ter desempenhado um papel importante no estabelecimento do culto a Serápis e na dádiva a Alexandria de uma divindade que seria a mais venerada

32 Públio Cornélio Tácito, 55-120 a.C., famoso orador e historiador romano.

33 A parte da Ásia Menor que dá para o litoral do mar Negro.

34 Ver p. 134.

35 Um dos quatro grandes escultores que trabalharam no Mausoléu em Halicarnasso (c. 350 a.C).

nos três séculos seguintes. E eficiente, se acreditarmos na história de Demétrio Falereu, que, vitimado pela cegueira, deveu sua recuperação a Serápis. Se ela for verdadeira, Maneton merece louvores, pois isso mostraria quão efetivos se revelaram os poderes curativos do novo deus quando testados.

## *Hecateu de Abdera*

Embora os poucos historiadores desse período recebessem escasso reconhecimento dos intelectuais da Alexandria ptolemaica, houve um outro que deixou sua marca depois de passar alguns anos no Egito como hóspede de Ptolomeu Sóter.

Hecateu de Abdera também escreveu uma *Egipcíaca* atendendo ao pedido específico do faraó, ele mesmo um historiador, que apreciava suas qualidades. Ao contrário da de Maneton, que era um ponto de vista egípcio com base em registros sacerdotais egípcios, a de Hecateu era uma história das tradições e realizações do país vistas por um grego que havia compilado suas informações em Heródoto e Platão, ambos grandes admiradores do Egito antigo.

Infelizmente, a maior parte de sua *Egipcíaca* foi perdida, mas sobreviveram passagens dela, e de acordo com um historiador posterior, Diodoro Sículo, parece que Hecateu se limitava a descrever em termos lisonjeiros as maneiras e costumes dos egípcios, especialmente as relações entre os seus deuses e os dos gregos. É praticamente certo que tenha feito isso a pedido de Ptolomeu, já que o novo faraó queria dar ao populacho grego e egípcio razões históricas plausíveis para a nova divindade da cidade.

# ~ VII ~

## Os primeiros poetas: Teócrito e Zenódoto

Se os principais matemáticos e cirurgiões da época faziam fila para ir para a nova capital da cultura, aqueles que mandavam, no início do Museu e da Biblioteca, eram os literatos. Eram os gramáticos e poetas que pagavam por casa e comida cantando seus elogios ao patrono real. Era uma turma pedante, chamada por Tímon de Fílio de "aqueles Escrevinhadores na Gaiola das Musas", que passavam a maior parte do tempo sofismando sobre o significado de uma palavra ou a cadência correta de um verso, mostrando pouco talento ou dom para a inovação e perfeitamente felizes em inventar epigramas, elegias e idílios tradicionais no mesmo estilo de seus antecessores gregos. A única novidade, se é que se pode chamá-la assim, era uma tendência a focar suas poesias no amor e não no heroísmo, que havia sido a marca dos grandes poetas da Antiguidade.

Entretanto, havia exceções, e a primeira, no que se refere à escola alexandrina, foi Teócrito.

Ele nasceu por volta de 320 a.C. em Cós, como Herófilo e seu mentor, Filetas,[36] mas mudou-se para a Sicília, onde passou a

[36] Ver p. 48.

adolescência e o início da vida adulta. Parece que só apareceu em Alexandria quando já era um poeta em pleno desenvolvimento, muito provavelmente por sugestão de Filetas.

A principal contribuição de Teócrito à poesia foi a maneira como escreveu sobre pessoas comuns em ambientes comuns, sobre donas de casas e suas tarefas, sobre pastores simples nos campos rústicos, em contraste com cortesãos abandonados pelas amantes, vagando por jardins imaculados de um palácio real. Um exemplo notável desse estilo terra-a-terra encontra-se em seu *Idílio N° 15*, no qual descreve a vida cotidiana em Alexandria — pouco diferente da atual, parece — com tal realismo que se tem a impressão que ele está falando dos hábitos e costumes das pessoas que vivem lá hoje. Sim, ele era um poeta de talento e inovador; inventou a chamada "poesia pastoral".

Naturalmente, também teve de bajular a família real e produzir os inevitáveis poemas aduladores, como o *Épico*, no qual celebrava o casamento de Ptolomeu II Filadelfo com sua irmã Arsinoé II. Pelo menos esse poema, com outro que escreveu para cair nas graças da rainha, prova que ele estava bem à vontade no Museu quando se celebrou o dito casamento. Arsinoé morreu sete anos depois e, embora alguns historiadores sustentem que Teócrito permaneceu em Alexandria até o fim da vida, é quase certo que partiu depois de discutir com algum membro influente da corte, retornando a Cós.

As obras de Teócrito podem ser divididas em quatro categorias: *Bucólicas e Mimos; Épicos; Líricos* e *Epigramas.* Mas assim como há opiniões variadas sobre quais poemas atribuídos a ele são realmente dele, os estudiosos ainda debatem quais, de fato, foram escritos em Alexandria. Uma certa confusão surgiu também porque ele escreveu em diversos dialetos gregos. Por exemplo, os *Líricos* são em eólico tradicional, seu *Castor e Pólux* em jônico, as

*Bucólicas* e os *Mimos* em dórico, enquanto os *Épicos* são escritos em uma mistura de todos os três dialetos com uma ou outra pitada de homérico.

Outra característica de sua poesia foi a utilização do que é chamado de *cesura bucólica.* Isso significava que se houvesse uma pausa no final do quarto pé, este devia ser um dáctilo. Em outras palavras: ter três sílabas, das quais só a primeira acentuada. Essa não foi uma invenção de Teócrito, mas ele a usou tanto nas *Bucólicas* em uma época em que ninguém o fazia, que ela passou a ser considerada uma concepção sua.

Não é fácil classificar Teócrito em relação à cultura alexandrina. Uma estrela ou apenas um cometa passageiro? Seja como for, com certeza ele compôs parte de sua melhor poesia conhecida enquanto caminhava pelos salões e jardins dos recém-construídos Museu e Biblioteca, e como tal deve ser incluído entre seus poucos poetas talentosos e influentes.

Como vimos, a antiga Biblioteca de Alexandria foi fruto da imaginação de Demétrio Falereu. E no entanto, estranhamente, não há evidência de que ele tenha participado ativamente de sua direção, nem mesmo de que tenha sido o primeiro bibliotecário-chefe titular, como alguns historiadores sustentam.

**A ambiciosa Arsinoé II casou-se com seu irmão, Ptolomeu II Filadelfo, para consolidar o controle da família no poder, e influenciou-o a incrementar a Biblioteca.**

Essa honra coube a Zenódoto de Éfeso. Demétrio aparentemente se contentou em ser o conselheiro cultural número um do Faraó, agindo nos bastidores.

O cargo de bibliotecário-chefe era uma sinecura de grande prestígio, e Zenódoto parece tê-la conseguido mais por meio da troca de favores do que por méritos literários. Nativo de Éfeso, uma cidade jônica localizada na costa oeste da Ásia Menor, ele foi para Alexandria com Filetas de Cós, o poeta e gramático que Ptolomeu contratara como tutor de seu filho. Dado que Filetas era uma pessoa extremamente bem-vinda na corte com acesso direto ao rei, não era difícil que intercedesse em favor de seu protegido.

É claro que o fato de Zenódoto ser um especialista em Homero deve ter ajudado, pois tanto Ptolomeu I quanto, a seguir, seu filho reverenciavam o mestre poeta grego a ponto de qualquer pessoa remotamente envolvida com suas obras imediatamente obter seus favores. Assim, não é de estranhar que Zenódoto, que acabara de produzir a primeira edição crítica de Homero, recebesse tratamento especial.

Sem ser grande coisa como crítico, ele foi, aparentemente, o primeiro a editar e a dividir os poemas de Homero em livros, usando maiúsculas para a *Ilíada* e minúsculas para a *Odisseia*. Infelizmente, sua revisão foi feita sem nenhuma rima ou motivo real ao transpor e alterar versos, e ele nem sequer apresentou novas interpretações, tanto que foi amplamente criticado por estudiosos posteriores, que reconheceram que seu tratamento dos textos antigos era arbitrário e muitas de suas alterações, irresponsáveis e até mesmo ridículas.

Porém, independentemente de suas limitações como crítico e editor, temos de reconhecer seu papel na história dos estudos homéricos, um papel singular, dado que teve acesso a textos que mais tarde se perderam e por isso não estavam disponíveis a seus sucessores e detratores. Assim, ele se sobressai como o único vínculo importante com as versões pré-alexandrinas desaparecidas. Parece também que editou Píndaro, e é graças a seus esforços com o que era um texto obscuro e complexo que foi aberto caminho a Aristófanes[37] e à sua obra fundamental sobre os poemas de Píndaro, edição que, com todos os seus fundamentos, sobreviveu até os tempos modernos.

Suidas, um lexicógrafo bizantino do século X, também se referiu a Zenódoto como um poeta épico, mas se isso realmente ocorreu, é improvável que tenha tido muito sucesso, e com certeza não deixou marcas na história da poesia criativa.

Um breve comentário sobre o tutor de Zenódoto: Filetas de Cós era um poeta que se gabava de considerável reputação entre os homens de letras tanto em sua Cós natal quanto em outros lugares. Foi por isso, presumivelmente, que Ptolomeu I o escolheu como preceptor de seu filho depois de o físico e filósofo Estratão[38] ter partido para assumir a direção do Liceu em Atenas. É lembrado em grande parte por suas elegantes elegias em louvor de uma dama chamada Batis, aparentemente sua amante, que mais tarde se tornaram muito populares entre os romanos. Mas também foi autor de um dicionário de palavras raras e obscuras, bem como de notas sobre Homero.[39]

Apesar de sua posição e influência, parece que o pobre homem era o permanente saco de pancadas dos humoristas locais.

[37] Ver p. 77.

[38] Conhecido como o Físico, foi Diretor do Liceu de 288 a 268 a.C.

[39] Essas notas seriam criticadas severamente por Aristarco de Samotrácia (ver p. 94).

O motivo não tinha nada a ver com sua obra, mas com sua aparência física. Era tão magrelo que os satíricos locais afirmavam que precisava colocar chumbo nos sapatos para não ser levado pela brisa do mar.

Euclides, Herófilo, Maneton e Zenódoto representam as tendências acadêmicas básicas do florescente centro cultural alexandrino.

De um lado, os gramáticos e críticos literários, os *grammatici*, que perambulavam pelo Museu e pela Biblioteca discutindo o significado de uma palavra ou a cadência correta de uma frase, preocupados demais com o que os antigos mestres gregos haviam escrito para se tornarem eles mesmos poetas de alguma importância. De outro lado, os inovadores e os empreendedores científicos, os médicos, matemáticos, astrônomos e inventores que iriam revolucionar as maneiras de pensar e os métodos de proceder. E no meio, mantendo o equilíbrio entre os elementos ativos e passivos, um grupo selecionado de intelectuais, historiadores e filósofos, inicialmente espectadores tímidos, cujo papel predominante na cultura alexandrina se manifestaria bem depois.

# VIII

## Calímaco

Por volta de 270 a.C., no reinado de Ptolomeu II Filadelfo, entrou em cena um poeta e gramático cujo nome seria ligado mais do que qualquer outro — exceto Demétrio Falereu — à grande Biblioteca.

Calímaco nasceu por volta de 305 a.C. em Cirene, a outra grande colônia grega, situada a meio caminho entre Tobruk e Benghazi, na Líbia moderna, que caíra sob o domínio de Ptolomeu I em 321 a.C. Seu pai era um nobre chamado Bato (daí o nome Batíades que lhe foi dado por poetas latinos posteriores), que afirmava descender do mítico Bato, considerado o fundador de Cirene, enquanto seu avô fora um destacado estrategista. Tudo isso significava que recebera uma excelente educação, como a maioria dos jovens herdeiros da aristocracia local, e teve como tutor o gramático Emócrate de Iaso. Isso explicaria sua inclinação por uma forma particular de cultura que, muito em voga na época, tornou-se bastante útil quando sua família perdeu a fortuna e ele foi forçado a ganhar a vida dando aulas em um subúrbio de Alexandria.

Porém, sendo inteligente em uma cidade que privilegiava o intelecto, não demorou muito até que alguém no palácio ouvisse falar dele e Calímaco obtivesse um emprego na Biblioteca.

Adulador nato, ele não perdeu tempo em ganhar as boas graças do faraó, lisonjeando-o com poemas como *Hino a Zeus* e *Hino a Délio,* que lhe valeram a nomeação como poeta oficial da corte. Calímaco então consolidou os favores reais com uma elegia ao casamento do rei com a irmã, seguido pelo famoso hino fúnebre quando Arsinoé II faleceu, no qual a descreve sendo levada aos céus pelos Dioscuros,[40] Castor e Pólux.

Em consequência, foram-lhe oferecidos os prestigiosos cargos de tutor do herdeiro do trono e bibliotecário-chefe, que não aceitou, provavelmente para manter sua independência e poder continuar seu trabalho sem ser perturbado. Isso não diminuiu sua popularidade na corte, onde se tornou o favorito também do futuro Ptolomeu III e da esposa deste, Berenice, filha do rei de Cirene.

O poema mais famoso de Calímaco era sobre um cacho de cabelo que essa rainha consagrara à deusa Afrodite pelo retorno ileso de seu marido de uma campanha na Síria, e que havia desaparecido do templo. Isso inspirou o astrólogo da corte, Cônon de Samos, a afirmar que o cacho fora levado rapidamente aos céus para brilhar na constelação que ele acabara de descobrir, conhecida desde então como "A cabeleira de Berenice".

Renomado poeta e gramático, cuja obra ainda intriga os críticos, visto que foi objeto de cerca de 250 apreciações somente nos últimos dez anos, Calímaco foi o homem que ousou criticar os longos poemas cíclicos da Antiguidade, comparando-os com "o grande rio assírio que arrasta um monte de terra e refugo", acrescentando: "Livro grande, grande infortúnio".

[40] Palavra grega que significa "os filhos de Zeus".

Todavia, Calímaco é mais conhecido por ter catalogado toda a coleção de papiros e códices da Biblioteca (estimada num surpreendente total de 500 mil) utilizando *Pinakes* (Lâminas). Essas eram uma série de 120 livros nos quais as obras eram analisadas e listadas cronologicamente por "palavra-chave" e "autor". De acordo com o Suidas, léxico do século X, Calímaco compôs lâminas "sobre os homens eminentes em todos os campos do conhecimento e sobre o que escreveram". Um feito digno de Sísifo, e se a ele adicionarmos as 880 obras que se considera que escreveu, temos uma ideia da voracidade por trabalho que ele devia ter.

Apesar das críticas de seus contemporâneos de que era um "poeta de poucos versos sem o estofo para compor um poema verdadeiro", sua poesia era estética e refinada, e alguns de seus poemas de amor eram pequenas obras-primas. De fato, mais tarde foi considerado o mais moderno dos poetas gregos por seu espírito, graça e ironia. Sua aversão a poemas épicos longos foi provavelmente a razão pela qual se especializou em um tipo curto novo conhecido como *epilion,* um gênero que se tornaria muito popular entre os poetas latinos.

**Uma elegia ao casamento de Ptolomeu II Filadelfo e sua irmã Arsinoé II rendeu ao poeta Calímaco um lugar de prestígio na corte alexandrina.**

As gerações posteriores considerariam Calímaco o personagem central da poesia elegíaca, e sua *Aitia* (Causas), uma coleção de poemas escritos em dísticos, é conhecida por ter influênciado Ovídio[41] e Propércio.[42] E, no entanto, não é fácil avaliar todo o impacto de sua poesia sobre a cultura ocidental, já que a maior parte foi perdida e, daquelas oitocentas obras, somente seis hinos e 63 epigramas chegaram até nós.

Não se deve esquecer, porém, que ele era basicamente um gramático, reconhecidamente um dos maiores de seu tempo, mas, como tal, preocupado demais com a forma e o estilo para dar lugar ao gênio. Portanto, o que ele fez que realmente tem importância duradoura foi sua análise crítica dos mestres gregos, estabelecida nas *Pinakes,* que lançou os fundamentos para a história da literatura grega, além de ter desenvolvido um catálogo original e único para a primeira grande biblioteca de nossa civilização. Por isso, um dos salões da nova Biblioteca de Alexandria terá o seu nome.

Deve-se também mencionar que ele tinha a reputação de haver inovado outro tipo de escrita conhecida como "paradoxografia": um estudo semicientífico das excentricidades da natureza que faria grande sucesso na época romana, quando livros sobre eventos milagrosos e sobrenaturais tornavam-se sucesso de venda da noite para o dia.

41 Públio Ovídio Naso (43 a.C. - 17 d.C.). O principal poeta romântico latino da época de Augusto.

42 Sexto Aurélio Propércio (47-15 a.C.). Um dos grandes poetas elegíacos da Antiga Roma.

## ~ IX ~

## O Museu e a Biblioteca

A esta altura, é lícito indagar que aspecto tinha realmente esse refúgio de cultura de Alexandria. Era um complexo construído com propósitos especiais, consistindo de salas repletas de prateleiras, ligado a um templo dedicado às Musas, ou eram duas instituições distintas abrigadas em edifícios separados? E onde? Fazendo parte do conjunto palaciano ou simplesmente na área do Bruquíon, entre outros edifícios administrativos reais?

É frustrante, mas não existem vestígios nem do Museu nem da Biblioteca, e os arqueólogos só podem conjeturar sobre onde eles se encontravam. Não deviam ficar muito longe do porto, pois se sabe que o fogo ocasionado pelo incêndio dos navios por César, que aconteceu em 48 a.C., destruiu parte dos prédios. Provavelmente, situavam-se onde hoje está a Universidade; em outras palavras, a pouca distância do local escolhido para a nova Biblioteca Alexandrina.

Infelizmente para a posteridade, toda a área do Bruquíon afundou abaixo do nível do mar e foi assoreada, antes de ser edificada no século 19 com prédios de apartamentos e escritórios. Assim, não resta praticamente nada da cidade antiga, por isso temos de confiar em descrições feitas por historiadores, especialmente as de Estrabão,[43] que visitou Alexandria no final do século I a.C., para termos uma ideia do plano e do funcionamento geral do Museu e da Biblioteca.

Se faziam parte do conjunto real, como parece, ficariam em meio ao esplendor oriental a que Ptolomeu I se acostumara enquanto vivia na corte de Alexandre Magno na Babilônia.

Isso significava enormes salões de mármore, repletos de estátuas, ricos tapetes e alfombras, rodeados por pátios e jardins adornados com fontes e plantas aromáticas, onde pavões e animais raros passeavam livremente.

O Museu, concebido nos moldes do Liceu de Aristóteles, compreendia um passeio *(peripatos)*, uma galeria *(exedera)* e um santuário às Musas *(mouseion)*, de onde se supunha provir a inspiração artística, filosófica e mesmo científica.

Próximo a ele, existiria um edifício utilizado como refeitório pelos membros do Museu, e mais tarde, quando a instituição cresceu e passaram a ser oferecidos alojamento e refeições, os aposentos teriam sido disponibilizados em outro edifício, e todo o conjunto era administrado por um sacerdote nomeado pelo rei.

Além desse sacerdote, que era o dirigente titular, o museu tinha também um diretor *(epistates)*, que cuidava das finanças e do funcionamento geral do local, e que assegurava que os membros estivessem adequadamente alojados e alimentados. Acomodações agradáveis, altos salários e isenção de impostos faziam parte das vantagens de ser membro.

43 Historiador e geógrafo grego, autor de *Memórias históricas* (desaparecidas) e *Geografia*, que descreve com detalhes a Alexandria de sua época.

Provavelmente, benefícios adicionais também existiam, destinados a atrair para o Museu e para a Biblioteca as melhores mentes disponíveis. Mas havia também o reverso da medalha, pois, embora o Museu e seus membros desfrutassem de certa autonomia e de razoável grau de liberdade no que estivessem realizando, faziam parte de uma sociedade "real" no sentido mais literal da palavra, e dependiam totalmente dos caprichos do rei, como aqueles que desagradavam o monarca descobririam.

Um certo Zoilo de Anfípolis foi tolo o bastante para tecer comentários depreciativos sobre Homero, que, como todos sabiam, era o poeta favorito de Ptolomeu. Por isso foi banido da corte e impossibilitado de trabalhar em Alexandria pelo resto da vida. Mais drástico foi o destino de Sótades de Maroneia, que teve a infelicidade de ridicularizar o casamento de Ptolomeu II com a irmã, Arsinoé II. Esse gesto de lesa-majestade custou-lhe a cabeça.

Em geral, porém, os membros do Museu desfrutaram de vidas protegidas e hiperprivilegiadas durante os primeiros cem anos de sua existência. Sua situação só se tornaria arriscada se o faraó fosse alérgico à cultura, como no caso de Ptolomeu VIII Evergeta II, cujas disputas pelo trono com seu irmão mais velho mergulharam o Egito em meio século de guerras civis, e cuja aversão maníaca à *intelligentsia* grega forçou muitos dos membros do Museu a fugir.

E quanto à própria Biblioteca?

Aqui nos deparamos com um vazio total. Nem os historiadores ptolemaicos, nem Estrabão a mencionam; nem existem vestígios arqueológicos de nenhum tipo. O que é surpreendente, quando se sabe que restos arqueológicos de bibliotecas muito mais antigas e muito menores foram descobertos, como, por exemplo, a de Tel el Amarna, o feudo de Akhnaton,[44] pelo menos mil anos mais antiga, ou o "Lugar de Cura da Alma", como era denominada a Biblioteca Sagrada, ligada ao templo de Ramasseum em Luxor. Sem falar nos arquivos palacianos desenterrados em Ebla perto de Alepo, na Síria (2400 a.C.), ou de outros descobertos no Iraque, datados do terceiro milênio a.C.

No entanto, absolutamente nada veio à luz no que diz respeito à maior e mais recente das bibliotecas da Antiguidade, pelo menos nada relativo à biblioteca original criada por Ptolomeu I. Restou um fragmento da chamada Biblioteca Filha no Serapeum — o que deve ter sido uma sala de leitura com algumas estantes —, mas isso é tudo. Assim, somos forçados a depender de rumores e da imaginação se quisermos ter uma imagem de como era ela.

A gravura do século 16 de um vasto salão com pilares provavelmente não estava longe da verdade. Haveria uma série deles, e uma fonte fala de pelo menos dez, construídos ou requisitados à medida que aumentava o número de livros, e com arquitetura e decoração magnificamente adaptadas para adequar-se aos domínios privativos de um faraó.

Um breve comentário sobre a tendência cultural desse gueto de erudição nas primeiras décadas de sua existência.

Como os três primeiros Ptolomeus tinham uma predileção por Homero e Aristóteles, a literatura e a ciência eram os assuntos que realmente se beneficiavam do patrocínio real. Os gramáticos e os poetas conseguiam os empregos mais prestigiosos,

[44] O primeiro faraó monoteísta (1356-1339 a.C.), esposo de Nefertiti e sogro de Tutancâmon.

enquanto médicos, matemáticos e astrônomos eram encorajados a fundar escolas e recebiam os melhores equipamentos e condições de trabalho. É por isso que um homem como Aristarco de Samos foi capaz de formular uma teoria sobre o universo que seria validada dezessete séculos depois por um astrônomo importante como Copérnico.[45]

[45] Nicolau Copérnico (1473-1543), astrônomo polonês que, em seu *De Revolutionibus Caelestibus,* estabeleceu a teoria heliocêntrica do universo em oposição à alegação geocêntrica de Cláudio Ptolomeu (século II d.C.).

# X

## Os observadores de estrelas

### *Aristarco de Samos*

Quando eu era garoto, costumava escapulir da cama à noite e observar as estrelas do terraço de nossa casa em Alexandria. Às vezes, arrastava um colchão até lá e ficava deitado durante horas, mirando com fascínio aqueles pontos luminosos, que naquela parte do mundo parecem mais brilhantes e misteriosos que em qualquer outro lugar.

Assim, não me surpreendi ao descobrir que os acadêmicos gregos se entregavam ao mesmo passatempo noturno há cerca de vinte séculos, praticamente no mesmo lugar. O motivo era que, com a fundação de Alexandria, o centro de pesquisa científica se mudou da Grécia para o Egito e a observação de estrelas, que sempre foi um passatempo entre os sábios egípcios, conseguiu sua carta patente de nobreza graças a certos matemáticos imaginativos que foram atraídos para a cidade.

O primeiro deles foi Aristarco de Samos, de quem pouco se sabe exceto que nasceu por volta de 310 a.C. e que cresceu em

Samos.[46] E como sua cidade natal se tornou parte do império ptolemaico, era muito natural que ele fosse para Alexandria, onde o Museu e a Biblioteca tinham sido criados havia pouco tempo.

Matemático brilhante, ele fez parte da meia dúzia de homens que tornaram a astronomia conhecida como ciência e que ousaram questionar as normas místicas e religiosas aceitas relativas ao estudo das estrelas. Ele, juntamente com um certo Timócrates de Alexandria — a quem devemos agradecer pelos primeiros dados relativamente precisos das posições das estrelas — e depois Eratóstenes, Apolônio de Perga, Hiparco e finalmente Cláudio Ptolomeu, foram os responsáveis pela "astronomia" em contraposição à "astrologia". Porém isso não ocorreu sem inúmeros ataques maliciosos por parte daqueles que não concordavam com eles.

Aristarco, em especial, era um alvo privilegiado porque, cerca de 1.800 anos antes de Copérnico, propôs a afrontosa alegação de que o Sol e não a Terra era o centro do universo. Observando que o diâmetro do Sol era pelo menos sete vezes o da Terra, e seu volume, trezentas vezes, "era a Terra", afirmava ele, "que girava ao redor da 'Lanterna do Mundo', e não o contrário", acrescentando "que ela também girava ao redor de si mesma".

Devido a esse simples exercício de lógica, conta Plutarco, Cleanto, o Estoico,[47] exigiu que Aristarco fosse indiciado por blasfêmia por ter perturbado "o local de repouso de Héstia"; em outras palavras, por desafiar a noção religiosa estabelecida de que a Terra era o lar do cosmos e o centro de tudo.

[46] Ilha no mar Egeu, muito próxima à costa da Turquia.

[47] Filósofo estoico grego (301-232 a.C). Com a morte de Zeno, o Estoico, em 263 a.C., tornou-se diretor da Escola.

É curioso que Galileu Galilei[48] tenha sofrido da mesma intolerância religiosa e acadêmica quando foi levado diante da Inquisição por sustentar uma teoria idêntica que aparentemente também contrastava com os ensinamentos das Escrituras. Ele, pobre homem, foi forçado a repudiar suas teorias, mas não sem murmurar a famosa frase: *"Eppur si muove!"* ("E no entanto, se move!").

Não se sabe como Aristarco chegou a essa hipótese revolucionária. Tudo que sabemos é que ele não a roubou de ninguém, tampouco ela era uma teoria ventilada no século IV a.C., quando a cosmologia sofreu considerável evolução com homens como Eudóxio de Cnido[49] e Calipo de Cízico.[50]

De fato, Heráclides Pôntico[51] havia arriscado a ideia de que alguns planetas são satélites do Sol, mas é praticamente certo que nunca incluía a Terra entre eles, e, exceto Seleuco, o Persa, observando o firmamento das margens do Rio Tigre uns cem anos depois, durante mais de dezoito séculos ninguém questionaria a posição central da Terra. E provavelmente nunca saberíamos que Aristarco fez essa descoberta importante se Arquimedes não se referisse a ela em seu livro *O contador de areia*. "As hipóteses de Aristarco", ele escreveu, "são que as estrelas fixas e o Sol permanecem imóveis enquanto a Terra gira ao redor do Sol sobre a circunferência de um

[48] 1564-1642. Astrônomo e filósofo experimental italiano que entrou em choque com os teólogos do Vaticano por ter apoiado a alegação de Copérnico de que o Sol, e não a Terra, era o centro do universo.

[49] Ver p. 30, nota 20.

[50] Ver p. 111.

[51] Filósofo grego do século IV a.C., aluno de Platão, famoso na história da astronomia por ter sido o primeiro a sustentar que a aparente rotação do firmamento se devia, de fato, à rotação da Terra em torno de si mesma.

círculo". Arquimedes prosseguia, afirmando que, como resultado dessas teorias, ele calculava que o Universo era várias vezes maior do que comumente se supunha.

Infelizmente para a posteridade, os astrônomos árabes, que assumiram a pesquisa científica depois que a escola alexandrina desapareceu, não deram atenção a essa observação extremamente importante e aceitaram a teoria geocêntrica de Ptolomeu como a última palavra em astronomia. Assim, a teoria heliocêntrica teve de esperar 1.800 anos, até que Copérnico surgisse em cena, para ser aceita como a visão correta sobre as estrelas e seus movimentos.

Vale a pena notar que Copérnico tinha bom conhecimento das teorias de Aristarco, pois as menciona em *De Revolutionibus Caelestibus,* em uma passagem que mais tarde achou por bem suprimir, assegurando, desse modo, que obteria toda a glória por sua suposta descoberta.

Na verdade, Aristarco fez mais do que simplesmente afirmar que a Terra girava em torno do Sol. Ele descreveu sua rota, que seguia um círculo zodiacal oblíquo, explicando assim as estações, e até forneceu novos cálculos para determinar a duração do ano solar.

Também inventou um método válido para determinar as distâncias relativas do Sol e da Lua em relação à Terra, descrito na única de suas obras que sobreviveu, escrita antes que ele apresentasse o conceito de um universo heliocêntrico. O método se baseava em dezoito proposições astronômicas e em uma série de postulados à moda de Euclides. Credita-se a ele também a invenção de um relógio de sol hemisférico, naturalmente o primeiro de seu tipo.

Se Aristarco tivesse vivido alguns séculos depois e suas obras não tivessem desaparecido, teria emergido como a principal figura do Mundo Antigo na ciência da Astronomia, posição que é ocupada por Cláudio Ptolomeu.

Entretanto, não obstante a negligência da história para com ele, sua fama em vida era tal, Papo[52] nos conta, que atraiu matemáticos de todo o mundo para Alexandria, e entre eles estava um outro observador de estrelas chamado Apolônio.

## *Apolônio de Perga*

O homem que seria conhecido como o "Grande Geômetra" era originário da cidade que Alexandre usara como ponto de partida para sua invasão da Ásia Menor e onde alguns séculos mais tarde São Paulo e Barnabé começariam sua primeira missão.

Perga, parte do império selêucida, estava sob domínio de Ptolomeu II na época do nascimento de Apolônio, calculado em torno de 260 a.C. Portanto, é natural que, como um matemático em desenvolvimento, fosse atraído pela fama de Aristarco para Alexandria, onde os melhores cientistas podiam ser encontrados.

Parece que estudou na Escola de Euclides com alunos do grande mestre, e fez parte de um grupo influenciado por Arquimedes. Mas não demorou muito para que também começasse a dar aulas e preparasse sua obra principal, as *Cônicas,* iniciada por sugestão de um colega chamado Náucrates e que o elevaria aos olhos da posteridade a uma posição privilegiada entre os grandes matemáticos do mundo.

Composta de oito livros, *Cônicas* foi imediatamente aclamada como o tratado *nec plus ultra* em seu campo, e ocupa na matemática basicamente o mesmo lugar que os *Elementos* de Euclides ocupam na geometria.

[52] Papo de Alexandria, geômetra grego que viveu no século III d.C. Ver p.171.

Desses oito livros somente sete sobreviveram no grego original, enquanto três também existiram em árabe e foram traduzidos para o latim por um certo Giacomo Borelli. Edmund Halley,[53] o famoso astrônomo inglês que deu seu nome ao cometa recorrente, publicou uma edição monumental desses sete trabalhos sobreviventes.

Basicamente, Apolônio foi o primeiro a demonstrar que todas as cônicas são seções de qualquer cone circular, e a inventar os termos "parábola", "elipse" e "hipérbole" para exprimir certos fatos na comparação de áreas.

A fama resultante, que foi imediata, o levou a ser convidado tanto para Éfeso[54] como para Pérgamo,[55] onde tornou-se muito próximo de astros locais como o filósofo epicurista Filônides e o matemático Eudemo (a quem dedicou três de seus livros), e mesmo do monarca da cidade, Átalo, a quem naturalmente também dedicou um livro.

As *Cônicas* não são a única obra importante de Apolônio, mas exceto *Dividir segundo uma razão,* que sobreviveu em sua versão árabe, e *Isolando uma área, Tangências* (às vezes conhecido como *Problema apoloniano)* e *Seção determinada,* o resto foi perdido, e sabemos delas principalmente graças a Papo, o grande matemático alexandrino do século III d.C., e também a Eutócio (500 d.C.), que editou os primeiros quatro livros de *Cônicas.*

[53] 1656-1742. Astrônomo real, amigo e colaborador de Isaac Newton.

[54] Antiga cidade jônica na costa oeste da Ásia Menor.

[55] Capital política e cultural de um reino que, em 175 a.C., espalhava-se pela maior parte da Ásia Menor Ocidental, incluindo a Mísia, a Lídia, a maior parte da Frígia, a Jônia e a Cária.

E havia também seus longos estudos e tratados sobre Astronomia.

Como muitos desses primeiros matemáticos, Apolônio era fascinado pelas estrelas e se tornou tão obcecado pela Lua que ganhou o apelido de Épsilon, porque essa letra grega lembra uma lua crescente.

Suas observações acerca das estrelas o levaram a propor hipóteses sobre seus movimentos, e Cláudio Ptolomeu credita a ele a primeira explicação realmente científica de por que os planetas se movem em epiciclos e círculos excêntricos, e também a invenção, como seu mentor Aristarco, de um novo tipo de relógio de sol.

Entretanto, a veia inventiva desses primeiros teóricos somente assumiu um aspecto especificamente prático com o mais versátil e o menos acadêmico deles: Eratóstenes.

# ~ XI ~

## Eratóstenes e Arquimedes

Uma gravura do século 16, de autoria do italiano Fulvio Orsini, mostra esse "pau para toda obra" da cultura como um homem com uma enorme testa calva e um rosto enganosamente calmo, embora sensual, emoldurado por uma barba. Ela transmite a ideia de um estudioso mergulhado em pensamentos, mas não a de um notável pentatleta, como era chamado por seus contemporâneos graças à sua eminência em muitos campos acadêmicos diferentes.

Afora Arquimedes, que passou somente alguns anos em Alexandria, Eratóstenes se destaca como o homem mais brilhante no Museu e na Biblioteca durante o século III a.C., e possivelmente de toda a história da erudição alexandrina.

Poeta, filósofo, filólogo, matemático, astrônomo, cientista, geógrafo, crítico literário, gramático e inventor, ele comandou a cultura alexandrina durante quarenta anos como bibliotecário-chefe, posto que assumiu em 245 a.C. com apenas 31 anos no lugar de Apolônio de Rodes, o protegido de Calímaco.

Nascido em Cirene, fora para Alexandria para estudar com Calímaco, que, como vimos, também era seu conterrâneo. Partiu então para Atenas, que ainda era o lugar reservado à filosofia, e se envolveu com a Escola Platônica de Pensamento e com os ensinamentos de Aristão, o estoico.[56] E bem poderia ter se estabelecido ali se Ptolomeu III Evergeta não o tivesse convidado a voltar e tornar-se o terceiro diretor da grande biblioteca.

Era o tipo de oferta que nenhum intelectual em sã consciência recusaria, e Eratóstenes sabia muito bem que de cavalo dado, e mais ainda pelo rei, não se olha os dentes.

O fato de ter ganho um emprego prestigiado ainda jovem mostra quanto já era respeitado por suas aptidões intelectuais. De certo modo, sua inteligência universal foi precursora de gênios do Renascimento como Leonardo da Vinci,[57] Giovanni Pico della Mirandola[58] e Leone Battista Alberti,[59] que foram capazes de desenvolver seus dons de excelência em diversas formas de cultura. E pode-se afirmar que foi o primeiro humanista verdadeiro, pois sustentava que o objetivo da arte, e especialmente da poesia, não era ensinar, mas entreter, uma ruptura renovadora com a maioria de seus colegas e antecessores. Também foi o primeiro a dar à crítica literária uma abordagem realista na apreciação de uma obra, que exigia que se baseasse no valor artístico e não simplesmente no valor moral.

Sua obra literária e científica mais importante foi *Geográfica,* que estabeleceu os alicerces da geografia matemática. Esse trabalho, cuja maior parte, felizmente, sobreviveu, estava dividido em

[56] Aristão de Quio (c. 250 a.C.), aluno de Zeno, embora mais próximo à Escola Cínica de Filosofia.

[57] 1452-1519. Pintor, escultor, arquiteto, engenheiro e filósofo natural da Itália.

[58] 1463-1494. Filósofo, linguista, escritor e orador italiano.

[59] 1404-1472. Pintor, poeta e filósofo italiano.

três partes. Na primeira, Eratóstenes explicava porque era essencial rever todos os mapas existentes e não depender mais de Homero como a autoridade infalível em geografia, como ocorria até então.

Ele mostrou que uma série de mudanças geológicas e hidrológicas tinham acontecido desde a época do autor da *Ilíada,* comprovando seu ponto de vista por meio de conchas e restos fósseis encontrados no deserto a centenas de quilômetros do mar.

No segundo livro, forneceu uma noção matemática da dimensão e da amplitude do mundo habitado com sua divisão em continentes, enquanto no terceiro, expôs suas próprias ideias sobre a localização exata de lugares específicos.

A *Geográfica* provocaria consideráveis controvérsias nos séculos seguintes. Hiparco de Alexandria (a quem retornaremos) criticou-a ferozmente, chegando até a publicar uma réplica, também em três volumes, denominada rudemente *Contra Eratóstenes,* ao passo que Estrabão, historiador e geógrafo grego que viveu duzentos anos depois, defendeu inteiramente suas descobertas em outra *Geográfica.*

Quaisquer que sejam seus méritos e erros, porém, Eratóstenes foi o primeiro homem a tratar a geografia de maneira científica. Porém, não foi isso, nem nenhuma outra de suas inúmeras realizações culturais, que lhe deu notoriedade, mas uma façanha científica particular que nunca havia sido realizada antes.

Alguém lhe contou que um poço em Siene, no Alto Egito (a atual Assuã), era iluminado até o fundo pelos raios do meio dia no momento do solstício de verão — 21 ou 22 de junho —, o que significa que Siene estava situada sobre o Trópico de Câncer. Depois de ir comprovar isso pessoalmente, retornou e calculou a distância zenital do Sol em Alexandria. Tomou então a distância entre Siene e Alexandria, que era de 5 mil estádios (um estádio media aproximadamente 220 m), e calculou que correspondia a um quinquagésimo de um grande círculo com 250 mil estádios de perímetro, corrigido posteriormente para 252 mil. Essa, Eratóstenes proclamou a seus atônitos colegas cientistas, era a circunferência do mundo.

Certamente, seus cálculos eram aproximados e o resultado estava longe de ser exato, principalmente devido à falta dos instrumentos adequados, mas o método que usou para alcançá-lo estava correto. Por isso entrou para a história como o primeiro homem a descobrir uma maneira válida de medir o perímetro da Terra.

Paradoxalmente, Eratóstenes não prezava sua descoberta tão importante. Dava muito mais importância a um dispositivo mecânico que inventara para determinar "médias" — em termos simples para duplicar cubos —, tanto que colocou um deles com todas as instruções de como usá-lo — em dísticos rimados — em um templo como oferenda votiva.

Esse dispositivo não foi sua única invenção. Mais conhecido é o *Cribium Eratosthenis,* um instrumento para descobrir todos os números primos. E, no âmbito da ciência e da astronomia, atribui-se a ele a responsabilidade pelo Edito de Canopo, que introduziu o ano bissexto no calendário egípcio, bem como a autoria de um livro místico que tratava de 44 estrelas chamado *Catasterismo.*[60]

Seus trabalhos eram prodigiosos. Escreveu dois livros: *Sobre médias,* enquanto seu lado poeta foi responsável pelos poemas épicos *Anterim ou Esíodo,* e *Hermes,* este último com uma aura astronômica explícita. Escreveu também doze obras sobre comédias

[60] Recentemente traduzido para o francês e publicado sob o título de *Le Ciel, Mythes et Histoires des Constellations* (*O céu, mitos e histórias das constelações*) (Editions Nil).

gregas antigas e uma cronologia científica na qual tentava corrigir as datas dos principais eventos políticos e literários desde a conquista de Troia, que datava de 1184 a.C.

A originalidade de Eratóstenes resulta de seu humanismo, uma forma singular de estoicismo científico que o impedia de dividir a humanidade em dois grupos, os gregos e os outros, como fizeram muitos de seus contemporâneos chauvinistas, e de classificar uns como amigos e outros como adversários. É isso que o diferencia de seus pares e o torna tão simpático.

Tristemente, porém, ele teve um fim trágico. Em 204 a.C., quando já tinha mais de setenta anos, começou a perder a visão e teve de renunciar a seu posto de bibliotecário-chefe. Dez anos depois, incapaz de enfrentar a vida sem o conforto de seus livros e o estímulo da pesquisa, pôs fim a seus dias recusando-se a comer. Tinha 82 anos.

Sua morte coincidiu com o primeiro centenário de existência do Museu e da Biblioteca, aqueles cem anos que, graças ao brilho de homens como ele e o patrocínio dinâmico dos três primeiros Ptolomeus, tornaram Alexandria o centro inigualável da cultura científica do Mundo Antigo.

Mas se a matemática e a ciência alexandrinas alcançaram seu zênite quando Eratóstenes estava no comando do grande centro de conhecimento, foi também graças a um amigo seu, cujo nome se tornaria sinônimo de magia matemática — Arquimedes.

## *Arquimedes*

O maior matemático e físico da Antiguidade, e igualmente um observador de estrelas, também enfeitiçou o centro de cultura de Alexandria.

Arquimedes nasceu em 287 a.C. em Siracusa, na Sicília, ou Magna Grécia, como o sul da Itália grega era chamado naqueles tempos, com a proverbial colher de prata presa firmemente entre seus lábios.

Sua família era aparentada à de Hierão, o governante da cidade-estado, de cujo filho Arquimedes se tornaria amigo pessoal, e seu pai era Fídias, um astrônomo de reputação, o que, se os genes têm alguma coisa a ver com carreira, explicaria a inclinação de Arquimedes para a matemática e ciências correlatas.

Sendo um jovem bem relacionado, foi enviado a Alexandria para ter a última palavra em instrução matemática, e não havia melhor lugar para isso na década de 60 do século III a.C. do que a escola que Euclides fundara.

Não se sabe quanto tempo, de fato, permaneceu no Egito. Deve ter passado entre dez e quinze anos, o suficiente para digerir todos os ensinamentos de Euclides e construir sólidas amizades entre os mais importantes cérebros matemáticos da época.

**Arquimedes, autor do tratado *Dos corpos flutuantes*, estudou em Alexandria e tomou-se um dos matemáticos mais fascinantes de todos os tempos.**

Sabemos que entre esses incluíam-se Eratóstenes, onze anos mais velho que ele, Apolônio de Perga, e Cônon de Samos,[61] o astronômo real, com quem continuou em constante contato depois que retomou à sua cidade natal na Sicília.

Provavelmente conheceu também Ctesíbio,[62] o homem que inventou um relógio de água e a primeira catapulta a ar comprimido, o tipo de invenção mecânica que Arquimedes passou grande parte de sua vida produzindo.

Levaríamos muito tempo para listar todas suas descobertas em geometria e matemática avançada, algumas das quais fez evoluir enquanto estava em Alexandria, mas podemos escolher algumas que contribuíram para torná-lo uma das figuras científicas mais fascinantes, quase legendária, de todos os tempos.

A mais conhecida, aquela que o fizera pular da banheira e correr nu pelas ruas de Siracusa gritando *"eureka"* ou, em termos mais prosaicos, "consegui", está relacionada à coroa de Hierão, que o rei suspeitava não ser de ouro puro mas feita com uma alta proporção de prata. Solicitado a determinar se esse era o caso, Arquimedes ficou perplexo até que, ao entrar na banheira certo dia, notou que a água transbordava. Isso o levou a deduzir que, colocando separadamente em uma vasilha com água a coroa e pesos iguais de prata e ouro, e depois observando cuidadosamente o transbordamento, podia medir o excesso de volume causado pela liga presente na coroa.

61 Geômetra e astrônomo grego. Amigo de Arquimedes, fez observações astronômicas na Itália e na Sicília antes de se estabelecer em Alexandria, onde escreveu livros sobre astronomia e fez uma lista de todos os eclipses solares registrados no Egito. Seu nome está ligado à Kome Berenikes ("A cabeleira de Berenice"). Ver p. 51.

62 Viveu durante o século III a.C. Ver p. 75.

Essa descoberta o instigou a escrever o que provavelmente foi seu tratado mais conhecido, *Dos corpos flutuantes,* no qual estabeleceu e expôs os princípios gerais da hidrostática.

Quanto às suas invenções, variaram de dispositivos mecânicos para levantar pesos enormes a máquinas bélicas a serem usadas contra os romanos que estavam sitiando Siracusa, além de um enorme espelho que podia incendiar os navios vindos de Roma. "Deem-me um ponto de apoio e moverei a Terra", teria ele se gabado ao rei, e construiu um mecanismo com o qual Hierão foi capaz de mover, usando apenas uma mão, um navio carregado.

E houve também seu famoso "parafuso d'água". Embora se tenha dito que ele foi construído para remover água do porão de um dos navios reais, é quase certo que sua invenção date dos dias que passou em Alexandria, e que se destinasse a ser usado na agricultura. Na verdade, se caminharmos pelos campos férteis do Nilo, ainda é possível ver os felás (camponeses egípcios) tirando água dos canais com uma versão moderna do parafuso de Arquimedes, praticamente igual ao original.

Mas diferentemente de seu amigo Eratóstenes, ele não dava grande importância às suas invenções mecânicas: considerava-as de tão pouco valor que não se preocupou em deixar nenhum registro escrito sobre elas. Para ele, o que contava mais era sua descoberta da relação entre a superfície e o volume de uma esfera e seu cilindro circunscrevente, tanto que deixou instruções precisas para que seu túmulo fosse marcado com uma esfera inscrita em um cilindro.

Infelizmente, como aconteceu tantas vezes com esses gênios da cultura alexandrina, a maioria de seus escritos se perdeu ou foi destruída. De todas as suas obras, somente dez tratados[63] sobreviveram, e um deles, chamado *Do método* e dedicado a Eratóstenes, só foi descoberto tardiamente, em 1906, em Istambul. É de particular interesse, pois contém explicações de Arquimedes sobre como chegou a muitas descobertas por meio de considerações mecânicas e da pesagem de um número infinito de elementos de uma figura em relação a elementos semelhantes de outra.

Há também seu epigrama O *problema dos bois,* dirigido aos matemáticos em Alexandria e enviado em uma carta a seu amigo, o bibliotecário-chefe, o que mostra quanto ele estimava as opiniões deles.

Arquimedes era basicamente um geômetra, como a maioria de seus trabalhos sobreviventes prova, e sua maior realização relacionada à matemática moderna foi em geometria, onde ele estendeu o método conhecido como "exaustão". Esse método foi iniciado por Eudóxio, o matemático do século IV a.C., e adotado por Euclides, que com ele se tornou virtualmente o equivalente ao que é hoje conhecido como "integração", o sistema exposto nos livros-texto atuais sobre cálculo integral. Como a maioria dos matemáticos do Mundo Antigo, ele também tentou a astronomia, e aparentemente construiu uma máquina fascinante, composta de esferas de vidro concêntricas que imitavam os movimentos do Sol, da Lua e de certos planetas. Baseada em um sistema elaborado por Eudóxio de Cnido, era alimentada por água e sofisticada o bastante para mostrar até mesmo os eclipses do Sol e da Lua.

[63] São eles: *Da esfera e do cilindro; Da medida do círculo; Dos conoides e dos esferoides; Das espirais; Do equilíbrio do plano; Da quadratura da parábola; Dos corpos flutuantes; Os arenitos; Do método;* e *Uma coleção de lemas.*

Infelizmente, o tratado que explicava como foi construída e como funcionava também se perdeu, e graças a Cícero,[64] que afirmava tê-la realmente visto em 75 a.C., quando era questor na Sicília, que sabemos algo sobre ela.

Arquimedes morreu como viveu, tão absorto no que estava fazendo que esquecia o que acontecia a seu redor. E o que acontecia naquele momento particular, em 212 a.C., era a captura de Siracusa pelos romanos e o massacre de seus habitantes.

Em uma praia, um velho de 75 anos tentava resolver um problema matemático que havia anotado na areia quando, apesar das ordens do general romano Marcelo para que a vida do ilustre cidadão fosse poupada, um soldado o trespassou com a espada.

Arquimedes foi enterrado com honras pelo inimigo, e o mérito de ter encontrado seu túmulo é mais uma vez de Cícero. Ele o descobriu coberto de espinhos, perto do Portão Agregentino, e, com o devido respeito a um dos maiores gênios da Antiguidade, teve o trabalho de mandar restaurá-lo cuidadosamente.

## *Ctesíbio e Estratão*

A veia inventiva de Arquimedes pode ter sido estimulada por um alexandrino excêntrico, porém pragmático, chamado Ctesíbio, que também estava envolvido na invenção de novas máquinas de cerco e de artilharia para seu rei. Filho de um barbeiro local e basicamente um autodidata, foi graças a Eratóstenes que desfrutou da companhia de cientistas no Museu.

[64] Marco Túlio Cícero (106-43 a.C.), famoso orador e político romano.

Naquele momento, a figura principal naquele campo era Estratão,[65] físico encarregado da educação do herdeiro[66] do trono, cuja teoria relativa ao vácuo teria influência decisiva sobre a emergente ciência da pneumática.

Estratão também foi responsável pela predileção pela mecânica no início da ciência ptolemaica. Um ramo da matemática, ela foi encorajada e altamente subsidiada pelos dois primeiros faraós ptolemaicos, mesmo sendo um pouco menosprezada pelos matemáticos helênicos em geral. De particular interesse para os monarcas em questão, eram as invenções relacionadas às guerras de cerco que um certo Filo de Bizâncio descreveu em detalhe em uma obra de oito volumes, chamada *Manual de Mecânica.*

Filo, na verdade, não viveu em Alexandria, nem escreveu ali, mas passou alguns anos no centro de estudos da cidade na segunda metade do século III a.C.

Outros nomes citados no campo da pesquisa em balística são os de Abdaraxo e Dionísio de Alexandria. Esse último construiu uma catapulta de repetição que Filo realmente observou em operação. De acordo com ele, a característica principal dessa catapulta que atirava flechas por retração era um mecanismo que alimentava automaticamente a câmara de tiro com uma segunda flecha assim que a primeira era descarregada — em outras palavras, uma metralhadora feita de flechas! Sua eficácia em batalha, porém, era muito questionável. De fato, muitas das invenções mecânicas da época eram pouco mais que brinquedos para divertir o faraó, como a estátua de quatro metros de altura que "podia se

[65] Físico e peripatético grego.

[66] Ptolomeu II Filadelfo.

levantar e fazer uma libação" por si só, ou as máquinas automáticas a moeda de Herão.[67]

Mas o resultado da troca de notas entre Ctesíbio e Estratão foi que este pôs as teorias do primeiro em prática e rapidamente se tornou o primeiro especialista no mundo em tudo relacionado à pneumática, à elasticidade do ar e a seu uso como força motriz. Entre suas muitas invenções, estavam a primeira catapulta a ar comprimido, um relógio de água e uma bomba de admissão-saída.

A engenhosidade de Ctesíbio era tal que a posteridade o classificou como o maior inventor da Antiguidade, depois de Arquimedes.

## *Aristófanes de Bizâncio*

Antes de prosseguir, um comentário sobre esse crítico e gramático grego, que se estabeleceu em Alexandria no início de sua vida, estudou com Zenódoto e Calímaco, e foi convidado a assumir o cargo de bibliotecário-chefe quando Eratóstenes pediu demissão em 204 a.C.

De modo algum um gênio como seu antecessor, Aristófanes de Bizâncio (c. 257-180 a.C.) merece ser citado por ter produzido um texto consideravelmente melhorado de Homero, bem como edições de Hesíodo,[68] Píndaro[69] e outros grandes dramaturgos gregos.

Curiosamente, também escreveu sobre assuntos tão díspares quanto as cortesãs de Atenas, máscaras — o resultado de seus

[67] Ver p. 92.

[68] O pai da poesia didática grega, a quem se atribui a sistematização da mitologia grega no século VIII a.C.

[69] O grande poeta lírico da Grécia Antiga, c. 522-443 a.C.

estudos sobre as comédias áticas (sua crítica a seu famoso homônimo[70] existe mesmo) — e as palavras estrangeiras incomuns que entraram na língua grega.

Foi o fundador, também, do que denominou "uma escola científica de gramática", cujo propósito era explicado em um livro chamado *Analogia*. Em geral, se atribui a ele a responsabilidade pelo chamado "cânone" alexandrino.

[70] Famoso dramaturgo cômico de Atenas, c. 448-385 a.C. Autor de *Nuvens, Vespas, Rãs* etc.

# XII

## O primeiro arranha-céu do mundo

A realização mais espetacular da cultura alexandrina em termos de ciência prática e que envolvia todo o alcance da perícia matemática foi essa maravilha da engenharia e arquitetura alexandrina, o Farol de Faro, considerado uma das maravilhas da Antiguidade.

Como todos sabem, existiram sete maravilhas.

A primeira, e mais antiga, era a Grande Pirâmide de Gizé, construída pelo faraó Kufu (Quéops para os gregos) em 2575 a.C., e a única a ter sobrevivido até hoje.

Depois vieram os jardins da rainha Semíramis, também conhecidos como Jardins Suspensos da Babilônia, que datam de cerca de 800 a.C. — uma notável peça de arquitetura botânica da qual nada resta.

Nenhum vestígio sobrou também da estátua em marfim e ouro de Zeus, feita por Fídias em Olímpia (século V a.C.), nem do Colosso de Bronze do deus sol Hélio que dominava o porto de Rodes, construído na primeira parte do século III a.C.

A quinta maravilha era o enorme templo de Artemísia em Éfeso, que existira desde uma data anterior, mas foi destruído e reconstruído várias vezes. Era famoso por suas colunas e pelas vacas douradas legadas pelo rei Creso.[71]

O Mausoléu em Halicarnasso, um magnífico monumento construído pela rainha Artemísia em 353 a.C., em memória de seu esposo Mausolo, rei da Cária, era a sexta maravilha. Seu nome tem sido usado desde então para significar túmulos enormes, impressionantes, e seus restos mortais foram levados em 1859 por *sir* Charles Newton para Londres, onde podem ser admirados no Museu Britânico.

A sétima, e de certo modo a mais extraordinária, era o Farol de Alexandria, construído por Ptolomeu II Filadelfo na Ilha de Faro, na entrada do grande porto da cidade.

Existiram faróis no Egito desde os tempos faraônicos, mas eles se situavam em terra, todos operados por sacerdotes e utilizados para enviar mensagens. O primeiro farol marinho, construído e usado especificamente para guiar os marinheiros pelas águas traiçoeiras foi, de acordo com um poeta do século VII chamado Lesques, em Sigeu — hoje o cabo Inciasari —, nos Dardanelos.

Mas o Farol de Faro tinha pouco em comum com as outras construções existentes desse tipo. Muito mais que um farol de aviso, era uma das proezas mais espetaculares de engenharia e arquitetura jamais empreendidas e nunca igualadas até o século 20.

O arquiteto escolhido pelo rei para conceber essa obra-prima foi um certo Sóstrato, que não tinha nenhuma experiência em construção de faróis, mas que conseguira fama construindo jardins suspensos ao redor do templo de Afrodite em Cnido, que abrigava

[71] Último rei da Lídia (Ásia Menor), reinou de 560 a 546 a.C. e era famoso por sua riqueza.

a famosa estátua da deusa, feita por Praxíteles.[72] E a escolha foi bem acertada, pois Sóstrato sugeriu uma construção de concepção e proporções tão novas que não só permaneceu como modelo dos faróis através dos tempos como seu nome tornou-se sinônimo pare eles em francês *(phare)*, italiano *(faro)* e inglês *(pharos)*.

Esse primeiro arranha-céu do mundo, concluído em 279 a.C. para as festividades organizadas por Ptolomeu II Filadelfo para comemorar a deificação de seus pais,[73] era constituído de quatro partes.

Primeiro, havia uma enorme torre quadrada que se elevava de um pátio com colunas até a altura de aproximadamente oito metros, abrigando cerca de trezentas salas agrupadas ao redor de um poço central com uma dupla rampa em espiral e algum tipo de mecanismo hidráulico que transportava o combustível para o topo. Essa parte era coberta por uma plataforma quadrada e encimada por uma cornija com imagens de tritões e deuses marinhos, além de uma inscrição grega em chumbo que dizia: "Sóstrato de Cnido, filho de Dexifano, aos Deuses Salvadores: Pelos Marinheiros". Uma dedicatória que podia ser interpretada como sendo dirigida às divindades protetoras gêmeas, Castor e Pólux, ou a Ptolomeu I Sóter (Salvador) e sua esposa Berenice.

Daí, subia o segundo estágio, agora octagonal, construído ao redor das rampas e elevando-se por mais cinquenta metros. No topo dele, havia uma torre circular que, por sua vez, sustentava a parte que abrigava as fornalhas e os mecanismos que produziam os poderosos feixes de luz. E o formidável edifício era arrematado por

[72] Escultor grego, 390-330 a.C.

[73] Ptolomeu I Sóter e Berenice.

uma estátua gigante do deus do mar, Poseidon, elevando a estrutura inteira à assombrosa altura de 150 metros — alguns calculam até mesmo 180 metros!

Ninguém sabe exatamente como a grande lanterna funcionava, mas falava-se de um misterioso espelho que refletia as chamas durante a noite e os raios do sol durante o dia, e também agia como uma espécie de telescópio para detectar navios que não podiam ser vistos a olho nu. Havia também relatos de que era feito de vidro ou de pedra finamente trabalhada, e não de metal polido. Se isso era verdade, significa que os pesquisadores ptolemaicos já haviam descoberto o uso de lentes, uma descoberta sensacional da ciência da ótica que se perdeu quando o Farol foi destruído e a cultura alexandrina desapareceu.

**O Farol de Alexandria era constituído de pátios, torres, estátuas de deuses, complexos mecanismos para produção de luz, e funcionou por mais de nove séculos.**

Tenho me indagado muitas vezes sobre que impacto essa brilhante torre de mármore branco exerceria nos visitantes da cidade, e mesmo nos residentes multirraciais da Alexandria ptolemaica. Provavelmente, seria muito parecido com o impacto que a grande Pirâmide de Gizé tem sobre os turistas de hoje. Um misto de espanto e maravilha para os locais, com um toque de orgulho, enquanto para os muitos mercadores ocupados com seus negócios com o Egito e para os marinheiros que operavam seus navios seria uma bênção divina, pois avistá-lo levantava o moral ao fim de uma longa e muitas vezes perigosa jornada.

Por quanto tempo ele se manteve em funcionamento? Com certeza por mais de nove séculos, até cerca de 700 d.C., quando a parte superior, que continha a lanterna e o equipamento que a fazia funcionar, aparentemente caiu no mar. Não sabemos quem ou o que provocou essa primeira calamidade, se o homem ou a natureza, mas durante os trezentos ou quatrocentos anos seguintes, só foram feitas restaurações parciais, até que, em 1100, um terremoto destruiu a torre octogonal.

A torre quadrada que suportara o farol era usada agora como posto de observação e uma pequena mesquita foi construída na plataforma. O golpe final veio no século 14, quando outro terremoto reduziu tudo a um monte de escombros.

Oitenta anos depois, Qait Bey, governante da cidade, construiu um forte no lugar utilizando parte da alvenaria caída. Esse forte ainda existe, apesar dos bombardeios ingleses em 1882 que reduziram a zero sua utilidade como fortaleza.

Desde 1995, Jean-Yves Empereur e sua equipe de arqueólogos submarinos franceses têm explorado o fundo do mar ao redor do forte Qait Bey e trazido à luz enormes pedaços de alvenaria e de estátuas magníficas, algumas das quais, calcula-se, faziam parte do Farol derrubado; em especial, duas estátuas de Ptolomeu II Filadelfo e de sua esposa, Arsinoé II, que bem podiam ser as que originalmente se erguiam de cada lado da imponente entrada do imenso edifício. Questionado sobre quão seguro estava de que essas estátuas e a alvenaria há pouco descobertas realmente faziam parte do Farol de Alexandria, Empereur respondeu que tudo apontava nessa direção, mas que só teria absoluta certeza quando a famosa inscrição com o nome do arquiteto, Sóstrato de Cnido, fosse encontrada, e isso poderia acontecer a qualquer momento.

Seja qual for o resultado, porém, ele não mudará o fato de que o grande Farol de Alexandria era mais do que uma notável proeza de engenharia, mais do que uma deslumbrante torre de mármore com um formidável facho. Como o Templo de Jerusalém, o Pártenon de Atenas ou, em tempos mais recentes, a Torre Eiffel ou a Estátua da Liberdade, ele personifica o espírito e o gênio da cidade que o erigiu.

**No local onde se erguia o Farol de Faro, hoje se vê o forte Qait Bey (ao fundo), construído oitenta anos depois que o último terremoto destruiu a magnífica torre.**

O Museu e a Biblioteca aos poucos foram sendo esquecidos, à medida que o saber e a cultura se deslocaram para outros epicentros e os livros que continham séculos de sabedoria acumulada foram perdidos, queimados ou roubados. No entanto, através dos tempos, o símbolo da cultura alexandrina permanece gravado na mente humana, graças ao Farol de Faro.

# ~ XIII ~

## A Septuaginta

Antes de tratar dos cem anos seguintes de existência do Museu e da Biblioteca, é interessante apresentar um comentário sobre um trabalho que teve profunda influência sobre o pensamento religioso através dos tempos.

Como vimos, Alexandria logo se tornou um polo de atração para homens de todas as nacionalidades e credos, e uma das comunidades que mais cresciam era a judia, estabelecida em uma área especialmente escolhida a leste do Bruquíon, onde viviam a "realeza" e os cidadãos gregos.

Normalmente, os imigrantes judeus daquela época tinham tendência a viver juntos, guardando com zelo seus costumes e tradições, e conservando a língua materna na qual haviam sido criados. Mas como a língua falada em Alexandria era o grego, quando a segunda e terceira gerações substituíram os primeiros colonos vindos de Jerusalém, sua linguagem, o hebreu, ficou tão antiquada que poucos conseguiam ler seus livros religiosos sagrados.

Assim, os rabinos decidiram que a solução lógica era traduzir para o grego a Torá ou Pentateuco (os cinco primeiros livros do Antigo Testamento).

Existem várias lendas sobre quando e como aconteceu a tradução. A mais pitoresca conta que, a pedido do Sumo Sacerdote Eliezar, Demétrio Falereu exortou Ptolomeu I a mandar trazer de Jerusalém os tradutores mais qualificados. O resultado foi a vinda de 72 tradutores — seis de cada uma das doze tribos de Israel —, que foram abrigados em um número equivalente de celas na Ilha de Faro. Setenta dias depois, a tradução estava concluída, daí o nome Septuaginta, que em grego significa setenta.

Essa versão da história foi contada em um duvidoso documento do século II a.C., chamado *Carta de Aristeu.* Ninguém sabe quem era esse Aristeu, onde viveu, se era grego ou judeu. E, no entanto, curiosamente, homens de letras confiáveis, como Filo,[74] Josefo[75] e Tzetzes,[76] do século 12 d.C., a aceitaram como historicamente válida.

Na verdade, o trabalho de tradução provavelmente levou alguns anos, ou mesmo décadas, e agora se presume que foi completado entre o fim do século III a.C. e a metade do século II a.C.

Existe também uma teoria, baseada em estudos recentes, de que a Septuaginta foi produzida na Palestina e não em Alexandria, embora a pedido especial das autoridades judias de Alexandria. Possivelmente, ambas as versões têm algo de verdade, mas há pouca dúvida de que a cultura alexandrina foi basicamente a responsável pela que ficou conhecida como uma das mais importantes traduções jamais realizadas.

74 Ver p. 119.

75 Ver p. 39.

76 João Tzetzes, poeta e gramático bizantino do século 12, cujo trabalho mais importante foi o *Livro de histórias,* também conhecido como *As quilíades,* uma coleção de escritos históricos, literários e sobre a Antiguidade.

Até então, o estudo dos textos do Antigo Testamento estava reservado exclusivamente aos eruditos hebreus. Com a Septuaginta em grego, a linguagem cotidiana falada na maior parte do mundo helênico, o estudo dos cinco primeiros livros da Bíblia tornou-se disponível a um público amplo e diversificado. Desnecessário sublinhar as repercussões religiosas e filosóficas que isso teria na civilização ocidental nos séculos vindouros.

# XIV

## O declínio

Por volta da metade do século II a.C., a torre de marfim da erudição alexandrina sofreu seu primeiro revés.

A decadência começou já com a subida ao trono em 222 a.C. de Ptolomeu IV Filopátor (Amante de seu Pai, isto é, o falecido Evergeta). Ao contrário de seus três antecessores reais, que tornaram Alexandria conhecida política e culturalmente, parece que esse faraó só estava interessado em sexo e bebida. E, embora tenha conseguido repelir um ataque selêucida[77] ao Egito na batalha de Ráfia em 217 a.C., isso ocorreu à custa da estabilidade social e com tumultos e desordens explodindo em todo o vale do Nilo.

Doze anos mais tarde (205 a.C.), Ptolomeu V Epifânio (manifestação de Deus), filho do casamento de Evergeta com sua irmã Arsinoé III, subiu ao trono. Em seu reinado de 24 anos, conseguiu perder todas as possessões gloriosamente conquistadas por seus antecessores fora das fronteiras do país, por isso teve de pedir socorro a Roma, assinalando o declínio político do Egito e sua decadência como potência dominante, passando a uma posição de segunda categoria.

[77] Pelo rei Antíoco III, o Grande.

Mas os sinos da morte começaram realmente a dobrar para esse outrora poderoso império quando o cônsul romano Gaio Popilo Lena teve de correr em socorro do próximo rei, Ptolomeu VI Filométor (amante de sua mãe) para ajudá-lo a acuar o rei sírio, Antíoco Epifânio, quando o exército deste cercou as muralhas de Alexandria.[78]

A primeira metade do século II a.C. foi uma das mais terríveis na história do Egito ptolemaico, do Museu e da Biblioteca, pois, por quase sessenta anos, Ptolomeu VI e seu irmão, Ptolomeu VII (Neo Filopátor), se derrubaram alternadamente do trono e lançaram o Egito em uma total dependência de Roma.

A degeneração latente da família real atingiu o clímax com o monstruosamente gordo Ptolomeu VIII Evergeta, que bateu recordes de incesto ao casar-se primeiro com sua irmã, Cleópatra II (que também havia sido esposa de seu irmão), e depois com sua sobrinha, Cleópatra III.

Infelizmente para a cultura alexandrina, Fiscon, "Gorducho", como ele era apelidado, cuja forma elefantina podia ser vista frequentemente gingando pelos jardins do palácio enrolado apenas em uma gaze transparente, adquiriu uma aversão tão selvagem e irracional aos intelectuais gregos do Museu e da Biblioteca que vários deles sentiram suas vidas ameaçadas e fugiram, causando uma drenagem invertida de cérebros, quando a fama de pertencer ao mais importante centro de erudição se desgastou ao extremo e o patrocínio real não só deixou de existir como também se tornou fonte de perigo pessoal.

78 Em 168 a.C., Antíoco Epifânio, filho de Antíoco, o Grande, invadiu o Egito pela segunda vez. Foi nessa ocasião que o cônsul romano desenhou um círculo ao redor do rei e exigiu deste uma resposta às suas condições antes que saísse dele.

Isso não significou que os homens de ciências e letras pararam de frequentar a Biblioteca. Continuaram a fazê-lo, mas na Biblioteca Filha existente no Serapeum, na parte egípcia da cidade, onde se sentiam menos ameaçados pelos perversos caprichos do monarca. E, embora o auge tivesse passado, o grande centro do conhecimento continuou a influenciar a cultura mundial por meio de meia dúzia de homens que, apesar das dificuldades, mantiveram ardendo a chama do pensamento alexandrino.

Um geômetra, três gramáticos, um astrônomo e um físico: eles simbolizam os quatro campos do conhecimento pelos quais as escolas de Alexandria ficaram famosas.

# XV

## Herão, Hiparco, Heráclides e os últimos gramáticos

Herão de Alexandria era o geômetra em questão, mas era também um especialista em física e, na tradição de Ctesíbio e Arquimedes, um gênio no que se refere às invenções mecânicas.

Não se sabe ao certo quando viveu. Algumas fontes o situam depois de Cláudio Ptomoleu (século II d.C.), enquanto outras sugerem que era filho e aluno de Ctesíbio, isto é, no final do século III a.C. Mais dignos de crédito são aqueles que sustentam que ele viveu no século II a.C. e que teve como mentor não Ctesíbio, mas Filo de Bizâncio, o físico que passara bastante tempo em Alexandria naquela época e estudara com o próprio Ctesíbio, cujas invenções descreveu nos mínimos detalhes.

Herão também era um escritor prolífico, e felizmente várias de suas obras persistem, portanto temos relatos precisos também de suas próprias invenções. Em sua *Pneumática* estão listadas aquelas relacionadas a ar comprimido; na *Belopoeica,* todos os instrumentos e mecanismos relacionados à guerra; enquanto em *Automatopoietica,* como o nome sugere, tratava de máquinas automáticas. Sua *Mecânica,* cuja versão em árabe sobreviveu, tinha a ver com os problemas da vida cotidiana, com a construção de outros instrumentos, e descrevia as cinco chamadas "forças mecânicas".

Naturalmente, suas obras mais numerosas foram sobre geometria, e a mais importante delas foi *Métrica,* descoberta em 1896, escondida em um manuscrito em Istambul.

*Métrica* descreve, entre outros princípios extremamente eruditos, métodos gerais para a aproximação da raiz cúbica de um número não cúbico, para o cálculo de triângulos, retângulos, polígonos e círculos, bem como de que maneira chegar à capacidade de cubos, pirâmides, esferas etc. Tudo isso mostra que ele era mais que um mestre nos truques matemáticos de sua profissão, além de um meritório sucessor de Euclides e Arquimedes.

Para nós, evidentemente, o mais fascinante aspecto de sua prodigiosa produção foram as invenções pelas quais tornou-se conhecido através dos tempos. Como a "Fonte de Herão", que se baseava em um sistema de sifões, um novo carro de bombeiro, um órgão a água, as primeiras máquinas dispensadoras a moeda, sem esquecer as várias engenhocas movidas a vapor e um dos primeiros instrumentos para medir e verificar níveis.

Herão foi também um inovador na ciência da ótica, da visão humana e dos fenômenos de reflexão da luz, coroando suas outras descobertas com a lei que afirma que o ângulo de reflexão é sempre igual ao de incidência.

Felizmente para a posteridade, Herão não desagradou ao rei, se é que de fato viveu durante o turbulento reino do "Gorducho", conseguindo prosseguir com suas pesquisas sem ser perturbado. Talvez isso se devesse ao fato de que Ptolomeu VIII não o considerasse um intelectual como os outros no Museu, que provavelmente não frequentava, mas um inventor excêntrico.

Em outras palavras, um pragmático útil e não um dos homens de letras que o rei não suportava, como os dois gramáticos, Aristarco de Samotrácia (não confundir com seu homônimo, de Samos) e Dionísio Trax.

## *Aristarco de Samotrácia*

Esse Aristarco nasceu na ilha egeia de Samotrácia em 220 a.C., mas emigrou logo cedo para Alexandria, onde estudou com Aristófanes de Bizâncio, que sucedera Eratóstenes como bibliotecário-chefe.

Aristarco seguiria os passos de seu mestre, ocupando o posto por trinta anos desde 175 a.C, até que descobriu que estava na lista negra do "Gorducho", e só salvou a pele porque escapou para Chipre, onde passou seus dois últimos anos de vida.

Estima-se que escreveu cerca de oitocentos comentários sobre poetas gregos antigos, como Hesíodo, Píndaro, Ésquilo e Sófocles; sua principal contribuição à cultura seria uma edição crítica e analítica de Homero, que lhe rendeu o título de "o Homerius".

Com essa edição, Aristarco lançou os fundamentos do que se tornou o texto moderno de Homero, já que organizou a *Ilíada* e a *Odisseia* nos 24 livros que conhecemos hoje.

Igualmente importantes foram seus estudos gramaticais sobre os poetas, baseados na analogia (ou regularidade), que o tornaram o fundador da ciência da linguagem, ou linguística, como foi chamada depois, compreendendo a fonologia, a sintaxe e a semântica.

Aristarco também fundou uma escola de filologia em Alexandria, que levava seu nome e exerceria uma influência duradoura após sua morte tanto lá como em Roma.

Outro intelectual digno de menção é Calístrato, também aluno de Aristófanes de Bizâncio, que escreveu vários comentários sobre os poetas gregos e até um tratado sobre os cortesãos.

## *Dionísio Trax*

Um dos "aristarcianos" foi um aluno seu chamado Dionísio Trax,[79] assim chamado porque seu pai era oriundo da Trácia, aquela parte da Grécia moderna situada entre a Bulgária e o Mar Egeu. Mas ele de fato nascera e fora criado em Alexandria, onde teria permanecido se não tivesse sido vítima do mau humor do "Gorducho", sendo forçado a fugir para a segurança de Rodes.

Homem de muita cultura, era basicamente um gramático, e entrou para a história como o homem que produziu o primeiro livro de gramática grega de que se tem registro, escrito enquanto estava em Alexandria.

*A arte da gramática,* como era chamado, definia a gramática e suas funções, e tratava de acentos, de pronúncia e das oito partes da fala e suas inflexões, mas, curiosamente, para um amante da literatura, não mencionava o estilo. Talvez isso se deva ao fato de que teve de arrumar as malas de repente, e assim não encontrou tempo para fazê-lo.

## *Dídimo Calcêntero*

Com os distúrbios e a instabilidade política na ordem do dia, a força criativa da intelectualidade da cidade parece ter mergulhado em seu nível mais baixo. Nenhum grande poeta ou gênio literário

[79] Viveu por volta de 100 a.C.

ou artístico emerge durante esses tempos difíceis. Daí não haver nenhum Calímaco, Eratóstenes, nem mesmo outro Apolônio de Rodes. Apenas gramáticos práticos, terra a terra.

Entre esses havia uma figura pitoresca chamada Dídimo Calcêntero (carinhosamente conhecido entre seus contemporâneos como "Atrevido Descarado"), mesmo que na verdade pertencesse ao século seguinte.

Filho de um astuto comerciante de peixe salgado, ele marca a emergência de uma elite da cultura local em oposição à até então dominada pelos gregos.

Era um trabalhador incansável, a quem se atribuem pelo menos 3.500 obras sobre poetas e escritores em geral, assim como um tratado sobre a edição de Homero feita por Aristarco, da qual algumas passagens vieram à luz no que é conhecido como Escólio Veneziano, descoberto na Biblioteca de São Marcos, em Veneza, em 1781.

A propósito, *escólio* eram aqueles textos que continham notas gramaticais e críticas normalmente feitas nas margens de um manuscrito, mas que, quando muito numerosos, se transformavam em uma obra à parte.

É por isso que a história o considera o primeiro escoliasta.

## *Hiparco de Niceia*

Quando afirmei que o século II a.C. não produziu ninguém com o gênio de um Eratóstenes, estava me referindo a talento literário. Pois, na área das proezas científicas e matemáticas, havia não somente Herão, mas também outro matemático, geômetra e astrônomo famoso: Hiparco.

Nascido em Niceia, cidade da Ásia Menor que depois se tornaria famosa com o Concílio lá realizado em 325 d.C., ele não passou toda a vida em Alexandria, mas lá permaneceu bastante tempo, de 161 a 146 a.C., e pode ser incluído entre os grandes homens de ciência da escola alexandrina.

Sua descoberta relevante foi a "precessão de equinócios"; em outras palavras, que os pontos equinociais se moviam para o oeste sobre a eclíptica a um ritmo de um degrau por século. Embora a noção de precessão não fosse nova e pudesse ser remontada à época dos caldeus (c. 800 a.C.), sua medida era nova, e foi isso que permitiu a ele fazer uma distinção entre o ano sideral e o ano tropical mais curto, o qual mediu com uma precisão chocante: 365 dias, 5 horas, 55 minutos e 12 segundos.

O que sabemos sobre Hiparco provém de Estrabão, mas também de Cláudio Ptolomeu, que muitas vezes o citava textualmente, a tal ponto que se pode dizer que a maioria das pesquisas básicas de Ptolomeu foi realizada para ele por Hiparco. E do mesmo modo que Ptolomeu se referia a Hiparco para muitas de suas propostas básicas, também se baseou em Aristarco de Samos e em Eudóxio de Cnido, o primeiro astrônomo a dar uma explicação científica para as órbitas dos planetas.

Hiparco, no entanto, evitava as hipóteses e baseava suas teorias estritamente em observações acumuladas, e é por isso que rejeitou a formulação heliocêntrica de Aristarco, ainda que esta fosse defendida por um reputado observador de estrelas contemporâneo, o babilônio Seleuco.

Um de seus principais trabalhos foi um vasto catálogo de cerca de 850 estrelas, no qual listava a magnitude, a latitude e a longitude de cada uma delas. Foi levado a isso, Plínio nos conta, depois de descobrir uma nova estrela, possivelmente a "nova" que, segundo fontes chinesas, surgiu na constelação do Escorpião em 134 a.C. Mas talvez fosse simplesmente para ultrapassar Eratóstenes, que também havia tentado essa tarefa hercúlea.

Hiparco também antipatizava com Eratóstenes pelas descobertas geográficas deste, as quais, como geógrafo, ele contestou veementemente, chegando até a intitular seu principal tratado geográfico de *Contra Eratóstenes.* Nessa obra, baseava suas propostas apenas em preceitos matemáticos, e não em preceitos arqueológicos e geológicos; além disso, dividia o mundo então conhecido em zonas climáticas ou longitudinais, usando seus cálculos para estabelecer a posição de cada localidade. Em teoria, era um excelente método, mas sofisticado demais para os meios de que dispunha. O que nos leva aos meios e instrumentos que utilizou.

Para seus cálculos das estrelas, utilizou um globo celeste que aparentemente ele próprio construiu. Havia também um dispositivo de paralaxe[80] que inventara, um quadrante mural e, segundo Cláudio Ptolomeu, um dióptrico[81] aperfeiçoado, assim como um astrolábio especial para medir a altitude das estrelas. Não devemos esquecer que foi também o primeiro a utilizar a trigonometria para cálculos em astronomia e geografia, e a utilizar um novo círculo instrumental dividido em 360 graus, ainda que parte do crédito por isso se deva a Hipsiclo,[82] que ensinava matemática em Alexandria um pouco antes dele.

80 Para medir a diferença aparente entre a posição de um corpo celeste com referência a algum ponto na superfície da Terra e um outro ponto, como o centro da Terra.

81 Unidade de medida utilizada em ótica para medir a potência de uma lente ou de um sistema de lentes.

82 Ver p. 102.

## *Heráclides de Taranto*

Com esse grande homem da medicina, nos encontramos na idade do faraó oboísta Ptolomeu XII Neo Dioniso, mais conhecido com "Aulete", e de sua filha Cleópatra VII, afamada por César e Antônio. Isto é, a primeira metade do século I a.C.

Como vimos, os médicos na Alexandria ptolemaica estavam divididos em dois campos rivais: os herofilianos e os empiricistas. Os primeiros eram basicamente anatomistas e fisiologistas, enquanto os últimos se prendiam às antigas doutrinas de experimentação *(peira)* e curas comprovadas *(historia),* além de serem ardorosos defensores da terapêutica em vez da cirurgia.

Heráclides tem o mérito de ter estabelecido a ponte entre eles, por um lado, exercitando a anatomia humana e desenvolvendo novas técnicas cirúrgicas de acordo com a doutrina herofiliana e, por outro, mantendo os métodos experimentais tão caros aos empiricistas.

Galeno, médico grego do século II d.C., refere-se aos interesses especiais de Heráclides por farmacologia e dietética, e parece que até escreveu vários livros sobre esses assuntos. Infelizmente, a maioria de seus trabalhos se perdeu, mas, a partir do que restou, tem-se o retrato de um homem com uma vasta cultura geral e opiniões firmes. E, segundo Galeno, com uma fenomenal capacidade de trabalho, combinada a elevados padrões profissionais.

Um dos médicos mais renomados de sua época, Heráclides foi pessoalmente responsável pelo renascimento e florescimento das escolas médicas durante os últimos cinquenta anos de domínio ptolemaico, e é uma curiosa ironia do destino que os dois maiores médicos de Alexandria, Herófilo e Heráclides, tão parecidos em vários aspectos, tenham, respectivamente, aberto e fechado as idades de ouro da medicina ptolemaica, apropriadamente no início e no fim da dinastia.

# XVI

## Astrologia

A essa altura — e ainda estou falando de meados do século II a.C. —, a astrologia, em oposição à astronomia, parece ter feito sua estreia oficial no cenário cultural alexandrino.

Quer o admitamos quer não, penso que todos já fomos tentados uma vez ou outra a espiar o que o futuro nos reserva. E essa curiosidade não é recente.

Desde os tempos antigos da Babilônia, há cerca de 4 mil anos, o estudo das estrelas e de sua influência sobre o destino do homem já adquirira um *status* quase religioso. No Egito antigo, os sacerdotes também buscavam interpretar eventos futuros por meio da astronomia, enquanto na Grécia do século IV a.C., mesmo Eudóxio mostrava familiaridade com a prática, porém, sem dar muito crédito a ela. Mas foi somente dois séculos depois, quando a astronomia matemática e as tradições sacerdotais se enfrentaram na Alexandria ptolemaica, que a astrologia passou a ser aceita como ciência.

E, como a alquimia, gerada pela física, esse rebento da astronomia exerceria efeitos duradouros sobre a cultura mediterrânea e ocidental.

Se quisermos apontar com precisão um indivíduo responsável, mesmo que indiretamente, por seu desenvolvimento, a escolha recairá sobre o geômetra Hipsiclo.[83] Seu livro, *Das Ascensões,* forneceu os meios geométricos para calcular o tempo e a ascensão dos signos zodiacais em uma eclíptica[84] de 360°, e foi ele que decidiu que a sequência zodiacal devia começar com Áries e que *Chelae* devia se chamar Libra.

Sua obra teve importância fundamental para a astrologia, pois forneceu as bases para o cálculo do ponto da eclíptica na ascendente na data de nascimento de um indivíduo, essencial, aparentemente, para o cálculo de seu tempo de vida.

Não se sabe se o próprio Hipsiclo se dedicava à astrologia e se escreveu esse livro pensando nela, mas certamente estava consciente, assim como seu colega Hiparco, de como essa nova ciência faria uso da astronomia.

Porém, a consequência direta é que logo depois foi lançado em Alexandria o primeiro manual astrológico conhecido, escrito por Petosíris e Nequepso, presumivelmente pseudônimos, que obviamente conheciam o assunto, pois o livro continha a maior parte dos elementos básicos do sistema astrológico.

Depois disso, apareceram 42 textos envolvendo Hermes Trimegisto, como era conhecido Toth, o rei egípcio da sabedoria, na época ptolemaica. Esses textos ficaram conhecidos depois como *Corpus Hermeticum,* e incluíam profecias de todos os tipos, até mesmo brontologias baseadas no significado do trovão,

[83] Ativo por volta de 125 a.C. Também escreveu uma obra chamada *Euclides, Elementos, Livro XIV.*

[84] A trajetória anual do sol na esfera celeste.

mês a mês. Uma obra era chamada *Hermes Trimegisto — Dos nomes e poder dos doze lugares,* e era suficientemente séria para ser comentada tanto por Trasilo, o astrólogo do imperador Tibério,[85] quanto por Serapião de Alexandria,[86] um bispo do século IV.

Esses doze lugares eram os doze signos do zodíaco, e as partes da obra que tratam da influência dos planetas em vários lugares mostram que o sacerdócio egípcio teve muita influência em toda ela.

Havia também *O livro de Hermes Trimegisto,* embora o que restou dele seja principalmente uma compilação de um texto posterior baseado em fontes imperiais romanas, que estabeleceram as diferentes noções de astrologia faraônica e grega. Aqui, mais uma vez, a influência egípcia se reflete no elaborado sistema de decanatos, correspondentes às várias divindades locais.

Durante os últimos cinquenta anos do domínio ptolemaico, a astrologia estava tão integrada à cultura alexandrina, que começou até mesmo a afetar a prática médica. A medicina astrológica, baseada na ideia de afinidade entre o corpo humano e um planeta correspondente, e a botânica astrológica, que defendia uma ligação entre as estrelas e certas plantas usadas para a cura, assumiram seu lugar na medicina convencional, a ponto de Cláudio Ptolomeu ser levado a dizer que "os egípcios uniram a medicina com a prognose por meio da astrologia".

85 Tibério Cláudio Nero, 42 a.C.-32 d.C.

86 Na verdade, bispo de Tmuis, no delta do Nilo, às vezes denominado "Escolástico" por causa de sua vasta erudição.

Em seguida, as especulações científicas de homens como Teofrasto[87] e Estratão foram usurpadas por ocultistas que, usando a noção de "simpatia" com os corpos celestes em sua abordagem do mundo físico, deram origem a uma pseudociência que ficaria muito em moda em certos círculos esotéricos: a alquimia. E foi graças a Bolo, o Demócrito, um misterioso personagem de Mendes, cidade natal de Maneton, que esse coquetel de ciência e astrologia surgiu em Alexandria.

Bolo era um seguidor de Demócrito, o Abderita,[88] um filósofo naturalista que, entre outras coisas, escreveu sobre problemas relacionados à magia e ao ocultismo. Bolo plagiou várias das ideias de Demócrito, suas ideias sobre filosofia e magia, mas seu livro *Maravilhas,* provavelmente seu primeiro trabalho, foi, na verdade, inspirado no que Calímaco escrevera um século antes sobre curiosidades científicas.

A principal obra de Bolo se chamava *Drogas naturais e artificiais,* e nela ele explicava sua doutrina de simpatias e antipatias na natureza, os poderes contidos em certos objetos orgânicos e a relação hostil ou amigável entre eles. Embora se baseasse muito na doutrina da simpatia cósmica da filosofia estóica e nos trabalhos botânicos de Teofrasto, uma grande parte se baseava simplesmente em superstições zoológicas locais.

87 Sucessor de Aristóteles na Escola Peripatética, seu nome verdadeiro era Tirtamo, mas foi apelidado Teofrasto por Aristóteles por causa da sua conversa agradável. Aristóteles lhe legou sua biblioteca de manuscritos originais e ele dirigiu o Liceu de Atenas por 35 anos. Nascido em 372 a.C., morreu em 287 a.C., aos 87 anos. Seus trabalhos mais importantes foram dois tratados botânicos, *Da história das plantas* e *Das causas das plantas,* que foram as mais famosas contribuições à ciência botânica durante a Antiguidade e a Idade Média.

88 O mais importante filósofo naturalista grego, nasceu por volta de 470 a.C. e foi contemporâneo de Sófocles.

Infelizmente, vários de seus escritos sobre alquimia apareceram sob o nome de Demócrito, resultando em uma confusão para a posteridade. E embora não se tenha certeza de quais e quantos desses princípios básicos foram formulados por ele, se é que algum foi, ele cunhou o famoso lema do alquimista, que resume o princípio relativo à transmutação de substâncias: "A natureza se regozija na natureza, a natureza comanda a natureza, a natureza conquista a natureza".

A influência de Bolo sobre as gerações posteriores foi enorme, e ele permanece como um dos maiores fomentadores de uma noção que fascinaria e perturbaria os filósofos e os amadores do arcano nos séculos seguintes.

Entretanto, só duzentos anos depois, a astrologia receberia sua carta patente de nobreza, e graças a ninguém menos que Cláudio Ptolomeu. Um dos maiores astrônomos alexandrinos, ele publicou em 140 d.C. uma obra chamada *Tetrabiblos,* que definia os símbolos e as interpretações da astrologia tal como era praticada pelos mesopotâmios, pelos egípcios e pelos gregos, fixando as regras do jogo de uma maneira pragmática e aparentemente científica. E essas, de fato, continuaram sendo válidas até os tempos modernos.

# XVII

## Cleópatra e o grande incêndio

Outono de 48 a.C. Uma data memorável na história de Alexandria.

Cleópatra VII Filopátor Nea Tea (Glória a seu Pai), de 21 anos, que havia sido comonarca com seu irmão mais jovem antes de ser deposta e exilada, escondia-se na fronteira leste do Egito, esperando uma oportunidade para reassumir o trono.

Júlio César, na impetuosa perseguição a seu inimigo Pompeu e ignorando que este havia sido assassinado por incitação do primeiro-ministro egípcio Pôncio, navegava a todo vapor em direção de Alexandria.

Além disso, o Egito acabava de sofrer uma das piores secas do século e tinha uma dívida enorme com Roma, dívida que não podia e não queria pagar.

Em resumo, uma atmosfera horrível, que piorou quando César desembarcou em Alexandria com toda a pompa de um cônsul romano, o que foi visto como um tapa na cara da independência egípcia. Resultado: distúrbios imediatos e sangrentos.

Nesse momento, conta a lenda, Cleópatra encenou seu

famoso ato do tapete[89] e penetrou às escondidas no palácio. Usando simplesmente seus atrativos sexuais, conseguiu então que o velho fauno de 52 anos a recolocasse no trono. E ela devia realmente ter muitos atrativos, pois seria muito mais simples para Júlio ter ficado do lado do jovem Ptolomeu XIII, que era apoiado pela elite dominante egípcia, pelo exército e pela população; em outras palavras, praticamente por todos.

Entretanto, durante algumas semanas, parecia que o futuro senhor de Roma conseguira a mágica improvável de fazer irmão e irmã compartilharem o trono novamente, acalmar o populacho revoltado e até mesmo trazer para seu lado o traiçoeiro primeiro-ministro.

É claro que isso era bom demais para durar. No fim de outubro, Pôncio, que odiava Roma, persuadiu o rei a mandar o exército atacar o palácio. César viveu então um dos momentos mais arriscados de sua vida. Estava em grande desvantagem numérica e sem nenhuma possibilidade imediata de conseguir ajuda por terra ou por mar, pois o porto também estava em mãos inimigas.

Felizmente, seus homens conseguiram defender o palácio enquanto a luta se alastrava pela cidade e pelas docas, onde a maior parte da esquadra egípcia — 72 navios no total, o dobro da esquadra romana — estava ancorada.

Compreendendo que sua única chance de sobrevivência era destruí-los, César deu a famosa ordem para incendiar tudo.

89 Segundo Plutarco, isso aconteceu quando ela desembarcou nas docas e não no palácio real. Cleópatra chegara da Síria por mar, e para escapar da esquadra de seu irmão, que bloqueava o porto, tomou um pequeno barco pertencente a um mercador siciliano chamado Apolodoro, que, depois de subornar as tropas do irmão dela para que abrissem a barreira de troncos flutuantes na entrada do porto (assim escreveu o poeta Lucano), despistou a guarda costeira, levando-a enrolada em um tapete ou algum tipo de roupa de cama.

Em algumas horas, todos os navios egípcios e romanos ardiam em chamas.

Foi uma brilhante manobra tática, que lhe valeu a guerra, mas um desastre para a ciência, pois o fogo não destruiu apenas os barcos, espalhou-se pelos estaleiros e armazéns onde estavam guardados muitos dos preciosos códices e papiros, e de lá aparentemente se alastrou para a região do Bruquíon, com seu Museu e Biblioteca, queimando grande parte do que constituía a herança do grande centro cultural.

Ninguém sabe exatamente quantas obras se perderam, e os relatos são contraditórios.

Sêneca[90] fala de 40 mil, enquanto o autor latino Aulo Gélio (130-180 d.C.) e Amânio Marcelino, historiador do século IV, falam do assombroso número de 700 mil. Mas independentemente de quem tenha razão, foi uma perda trágica para a cultura e marcou a primeira de uma série de calamidades que a biblioteca alexandrina original sofreria. Felizmente a Biblioteca Filha no Serapeum não foi atingida, tornando-se o ponto focal da ciência da cidade.

A destruição de parte da Biblioteca teria um efeito significativo sobre as escolas alexandrinas de pensamento em geral. Com as obras dos primeiros gramáticos e matemáticos perdidas para sempre, a filosofia ganhou mais interesse e a maioria dos residentes do Museu passou a se preocupar, daí em diante, com os problemas da mente e da alma.

Enquanto isso, Alexandria viveu um último momento do esplendor ptolemaico com uma rainha ambiciosa e inteligente apoiada pelo novo senhor do Mediterrâneo. O Egito reviveu parte de seu antigo prestígio, e, apesar do grande incêndio, restaram obras

[90] Lúcio Aneu Sêneca (4 a.C.-65 d.C.), estadista e filósofo romano, foi o tutor do imperador Nero.

de referência suficientes para que um gramático como Dídimo, o "Atrevido Descarado", trabalhasse ativamente e produzisse cerca de 3.500 críticas e apreciações de poetas gregos baseadas em textos de estudiosos alexandrinos anteriores.

Havia também as Escolas de Matemática, Medicina e Ciências, que ganharam um vigor momentâneo como resultado do renovado patrocínio real dispensado pelo último governante descendente dos Lágidas, aqueles três primeiros Ptolomeus que fizeram de Alexandria o principal centro cultural da Antiguidade.

Dos homens de ciência, um astrônomo chamado Sosígenes teve um impacto duradouro sobre a civilização ocidental, pois foi o escolhido por Júlio César para reformar o calendário.

Não se sabe muito sobre sua pessoa, apenas que encontrou César por volta de 48-47 a.C., quando estava em Alexandria, e de novo em Roma, mais ou menos um ano depois, quando acompanhou Cleópatra em sua visita como chefe de Estado. Mas o resultado foi que em 45 a.C. o novo calendário Juliano, baseado no ano solar de 365 dias e seis horas, passou a vigorar.

**Cleópatra VII, uma mulher inteligente e amante das artes, empenhou-se em devolver a Alexandria sua importância cultural e política dos tempos dos Ptolomeus.**

Calendários de doze meses baseados em um ano de 365 dias existiram no Egito desde o tempo dos primeiros faraós, já em 2783 a.C., segundo uma inscrição na pirâmide de Saqqara, mas esse antigo ano solar era dividido em doze meses de trinta dias e um décimo terceiro mais curto, de apenas cinco dias, totalizando os 365 dias prescritos.

Continuou em vigor até a era ptolemaica, quando se tornou óbvio que algo devia ser feito para retificar as seis horas anuais faltantes. Ptolomeu III Evergeta fez uma tentativa, em 239 a.C., sem muito sucesso; assim, só quando César, em pessoa, assumiu o problema, é que Sosígenes chegou à solução de acrescentar um dia extra a cada quatro anos, e o primeiro calendário oficial do mundo ocidental entrou em vigor.

**A famosa ordem de Júlio César para incendiar os navios deu a ele a vitória na Guerra Civil, mas destruiu grande parte das obras do Museu e da Biblioteca.**

Como vimos, cerca de um século antes, Hiparco afirmara que o ano solar tropical era de 365 dias, 5 horas, 55 minutos e doze segundos. Mas parece que a reforma de Sosígenes não foi baseada em seus cálculos, mas nos de outro astrônomo, Calipo de Cízico, amigo de Aristóteles e provavelmente aluno de Eudóxio de Cnido, o primeiro a descobrir, em 360 a.C., a discrepância de seis horas no ano solar.

Vale notar que Sosígenes iniciou o calendário Juliano em 11 de setembro, e esse tipo de calendário ainda existe no Egito copta. A única diferença é que, a partir de 284 d.C., para relembrar a perseguição dos cristãos alexandrinos por Diocleciano, esses denominaram seu calendário de *Anno Martiri* (Ano dos Mártires) em vez de *Anno Domini*.

A história tem retratado Cleópatra como uma intrigante manhosa, com mais busto que cérebro. Na verdade, era uma mulher muito inteligente e pragmática, e seus poderes de sedução provavelmente eram mais cerebrais que físicos. Não era nem um pouco bonita, mas sabia como encantar e adular, e tinha um trunfo que nenhuma outra mulher de sua época possuía, pois era a única representante da mais ilustre casa reinante na Terra e uma deusa[91] plena ainda por cima, o bastante para aumentar a pressão sanguínea de qualquer amante.

Intelectual por criação e patrocinadora das artes por inclinação, estava determinada a que Alexandria retomasse, tanto política quanto culturalmente, a posição que alcançara durante os reinados

[91] Cleópatra foi deificada por seu pai, como foram seus irmãos e irmãs, mesmo antes de se tornar faraó (ou rainha); em seguida, identificou-se com a deusa Ísis Afrodite, a maior das divindades femininas do mundo greco-romano.

dos três primeiros Ptolomeus. E, sem dúvida, a destruição de tantos dos preciosos manuscritos da Biblioteca deve ter sido para Cleópatra um choque, que ela só teria superado quando, com a morte de César, dirigiu seus encantos para Marco Antônio.

Seus antepassados compraram e surrupiaram desde livros isolados até bibliotecas inteiras para tornar Alexandria o epicentro da ciência helenística, mas seu amante a poupou do incômodo ao lhe dar de presente a maior parte das obras acumuladas na vasta biblioteca de Pérgamo.[92]

Mais uma vez, as opiniões diferem quanto ao tamanho, ou melhor, ao volume do presente. Falava-se de 200 mil rolos, mas, não importa a quantidade, foi uma dádiva e ajudou a contrabalançar, até certo ponto, as perdas ocasionadas pelo incêndio.

Com o suicídio de Cleópatra em 30 a.C., depois da derrota de Marco Antônio na Batalha de Áccio,[93] três séculos de reinado ptolemaico tiveram um fim abrupto. Seu filho e cogovernante,

**Marco Antônio presenteou sua amante Cleópatra com cerca de 200 mil obras vindas de Pérgamo, que ajudaram a recompor a Biblioteca de Alexandria.**

92 A capital da província romana da Ásia ficava em frente à Ilha de Lesbos, cerca de 20 km terra adentro.

93 2 de setembro de 31 a.C.

Ptolomeu XV (Cesário), e seu meio-irmão, Antilo, filho de Antônio, foram logo assassinados por ordem de Otávio, e o Egito se tornou uma província romana. Porém, isso não significou a morte da cultura alexandrina.

Sob tutela romana, o feudo helenístico do saber prosperou por mais dois séculos. Estrabão, geógrafo e historiador grego que viveu por certo tempo em Alexandria durante os últimos anos do século I a.C., descreveu em detalhes a vida acadêmica da cidade, que floresceu apesar da perda de livros e do patrocínio real direto. Mas não era exatamente como no passado, quando um faraó governava a poucos passos, caminhava pelos recintos do Museu e discutia os assuntos diretamente com os acadêmicos. Também havia feroz concorrência de Roma, onde a corte do imperador atraía agora os principais poetas e escritores a época.[94]

Foi nesse momento da história alexandrina que o primeiro e maior de seus filósofos entrou em cena. Entretanto, antes de falarmos dele, vale a pena fazer uma pausa para dar uma ideia da aparência de Alexandria quando Otávio lá chegou no outono de 30 a.C., trezentos anos depois de sua fundação.

Como o novo senhor do Egito chegou por terra, vindo do leste, sua primeira visão de Alexandria foram as esplêndidas casas de férias em Canopo (hoje Abuquir), naquela época um subúrbio elegante e balneário dos ricos alexandrinos, a cerca de 30 quilômetros do centro da cidade.

[94] Graças a Cleópatra e à influência ptolemaica de Alexandria sobre Júlio César, este planejara criar em Roma bibliotecas públicas seguindo o modelo daquela de Alexandria. Essas bibliotecas, sob a presidência do famoso polímata Marco Terêncio Varro, deviam abrigar toda a coleção de literatura grega e romana.

Daí, ele teria seguido o amplo caminho para o interior chamado Rota de Canopo — o mesmo que os alexandrinos do século 19 chamavam de Rota de Abuquir — até chegar ao Portão Canópico, nas muralhas da cidade, logo depois do bairro judeu e aproximadamente a quatro quilômetros do centro da cidade.

Se chegasse por mar, como Júlio César ou o historiador Estrabão, ele velejaria até o grande Porto Oriental através do canal entre os Rochedos Escarpados e o altaneiro Farol de Faro, chegando ao Porto do Almirantado, o ancoradouro particular do faraó, abaixo do palácio, localizado entre o cabo Lóquia e a Ilha de Antirodes.

Desse ponto, teria uma boa vista da região do Bruquíon, com suas vilas de mármore branco e jardins floridos, antes de seu olhar se dirigir para a direita e ser atraído pelo enorme Cesareum, construído por Cleópatra, erguendo-se logo atrás do edifício da Bolsa de Valores, chamado de Empório e situado aproximadamente onde é hoje o Hotel Cecil!. Ainda não faziam parte do cenário os dois famosos obeliscos plantados em frente ao Cesareum, mais tarde conhecidos como as Agulhas de Cleópatra,[95] que depois adornariam o Aterro do Tâmisa, em Londres, e o Central Park de Nova Iorque. Aparentemente, as ruínas desse notável edifício ainda podiam ser vistas no século 19, apesar de tudo ao seu redor ter afundado no mar ou ter sido coberto por construções.

Ao pé do Empório, ele notaria um promontório artificial projetando-se sobre o porto. Era o Poseidon, com um templo em homenagem ao deus do mar, ampliado por Marco Antônio em um

[95] Originalmente construídos pelo faraó Tutmósis em Heliópolis em 1500 a.C., eles foram colocados em frente ao Cesareum por Augusto em 14 a.C., e, na verdade, não têm nada a ver com Cleópatra.

lance extravagante de última hora depois de sua derrota em Áccio, para abrigar um suntuoso pavilhão. Nesse lugar — que insistia em chamar de Timoneum, ao reconhecer que o resto de sua vida seria tão sem amigos como a de Tímon de Atenas[96] — ele podia refletir sobre seus infortúnios.

Velejando ao redor dele, Otávio chegaria aos novos armazéns *(apostases)* e aos estaleiros *(navalia)*, que substituíram aqueles incendiados por César dezoito meses antes. À sua direita se estendia o Heptastadium, o molhe de 1,6 km de comprimento que ligava a Ilha de Faro à terra firme e separava o grande porto oriental do porto de Eunosto, menor, no lado ocidental da ilha, e da ilha artificial de Ciboto (a Caixa), situada no início de um canal que conduzia do mar ao Lago Mareótis.

A impressão geral seria a mesma, não importa o caminho que tomasse; uma impressão de esplendor oriental emoldurado por uma elegância grega. A Alexandria ptolemaica era, talvez, a mais bela cidade do mundo, a mais próspera e, com certeza, a mais internacional. Sua população livre, principalmente os gregos e judeus que viviam em grande estilo, alcançava, com os egípcios locais, cerca de 300 mil pessoas, com igual número de escravos. Assim se compreende por que Alexandria no último século a.C. se espalhava bem além de suas muralhas originais e ao longo da costa, assim como o fez nos anos 1930, quando a população era aproximadamente a mesma e vilas suntuosas se espalhavam entre o mar e a Rota de Abuquir por quase trinta quilômetros.

[96] Filósofo grego do século V a.C. e famoso misantropo que viveu ao longo das guerras do Peloponeso e odiava a humanidade em consequência dos infortúnios que aconteceram a Atenas e a ele. A peça de Shakespeare se baseia nele.

Em 1º de agosto de 30 a.C., a esquadra e o exército de Marco Antônio se renderam sem luta, e o conquistador Otávio marchou sobre a cidade pelo Portão Canópico. Para marcar seu triunfo, o dia 1º de agosto foi tornado feriado romano e Otávio decidiu que esse mês seria chamado por seu último nome, Augusto. Isso mostra a importância vital que ele e o povo romano deram à captura de Alexandria.

Nesse meio tempo, encastelada em seu mausoléu com todo o seu tesouro, Cleópatra tentou uma barganha de última hora para salvar sua vida e a de Marco Antônio. Mas era tarde demais. Quando Otávio chegou ao centro da cidade, Marco Antônio se suicidou e a rainha o acompanhou doze dias depois, dando a Otávio tempo bastante para inspecionar seu prêmio.

Primeiro, ele teria visitado o grande teatro, aquele que Júlio César utilizou como fortaleza para suportar os violentos ataques da turba, depois o Soma, o túmulo de Alexandre, na interseção das duas avenidas principais da cidade. Esse talvez não fosse o original construído por Ptolomeu I Sóter, com o fabuloso ataúde de ouro que Ptolomeu X[97] roubou, mas um mausoléu da família reinante, muito posterior, com formato de pirâmide.

Então, a quinze minutos de marcha na direção do sul, no bairro egípcio de Racótis, ele se depararia com o Serapeum, o mais importante templo de Alexandria. Dominando aquela parte da cidade, como a Acrópole de Atenas, ele era uma vasta estrutura retangular de 170 por 77 metros, à qual foi acrescentada uma série de edifícios que abrigavam a Biblioteca Filha.

[97] Ptolomeu X Alexandre I que reinou de 107 a 88 a.C.

De volta ao centro, Otávio inspecionaria o Ginásio[98] e as Cortes de Justiça. E quase com certeza subiria até o Paneion, um mirante com um santuário dedicado ao deus Pã, equilibrado no topo de uma colina artificial mais ou menos onde hoje está o forte Kom el Dick. Dali, teria uma vista emocionante da capital ptolemaica do Egito, apropriadamente esparramada a seus pés.

E ao tomar posse do Bruquíon e dos palácios reais, ele teria uma ideia do modo de vida elegante e altamente privilegiado dos soberanos e da classe abastada de Alexandria. Nem mesmo Roma, a capital mais poderosa do mundo, podia se igualar à cidade-porto de Cleópatra na segunda metade do século I a.C. Em termos de sofisticação e elegância, nada podia vencê-la.

Seiscentos anos depois, quando seu prestígio e sua riqueza eram coisas do passado, o general árabe que capturou Alexandria escreveu que ela ainda possuía 4 mil palácios, 4 mil banhos, 120 mil jardins e quatrocentos teatros e locais de diversão. Mesmo que consideremos essa descrição com certa desconfiança, ela dá uma ideia do que a cidade deve ter sido no auge de sua glória.

98 Descrito por Estrabão como o edifício público mais bonito do centro da cidade.

# ~ XVIII ~

## A nova era

### *As escolas filosóficas alexandrinas*

"Um pouco de filosofia induz a mente humana ao ateísmo, mas a filosofia profunda conduz a mente humana à religião."

*Francis Bacon,* 1561-1626

Quando Otávio conquistou a cidade, a maioria dos alexandrinos suava frio, temendo um saque em larga escala. Mas o futuro Augusto, magnânimo, poupou-a "devido a seu grande tamanho e beleza, porque Alexandre foi seu fundador e para agradar meu companheiro Ário".

O Ário Dídimo em questão era um filósofo alexandrino que emigrara para Roma e se tornara o guia espiritual do jovem Otávio. Assim, a filosofia, que não tinha sido levada muito em conta na Alexandria ptolemaica, ajudou a cidade em um momento crucial de sua história.

Porém, não salvou a dinastia, pois foi Ário quem aconselhou o novo governante a livrar-se do filho de Cleópatra, Cesário, com um conselho cínico embora politicamente sábio: "Uma multiplicidade de Césares não é boa coisa".

A filosofia, de fato, só surgira na academia alexandrina no século I a.C. com a chegada de um grupo de homens como Antíoco de Ascalão[99] e seu irmão Aristo, Lúculo e Heráclides de Tiro, que fugiram de Atenas durante a primeira guerra mitradática em 87-86 a.C. Antes disso, só havia existido um filósofo digno desse nome, ou seja, Eratóstenes, que, entre todas as suas outras atividades, conseguiu encontrar tempo para escrever várias obras sobre filosofia, nas quais expôs seu princípio mestre da harmonia no universo.

Depois dele, houve um vazio de 150 anos, até que as escolas do platonismo cético, do neoceticismo e do empiricismo brotassem com a chegada de refugiados atenienses.

Ário Dídimo era discípulo de Antíoco de Ascalão, cujo dogmatismo[100] eclético tornara-se a forma reconhecida de filosofia acadêmica em Alexandria. Vale a pena mencionar os nomes de Eudoro, que produziu uma *Enciclopédia geral da filosofia,* e de Potamão, que foi o fundador da Escola Eclética.[101]

Mas foi só no século I d.C. que um filósofo de primeira grandeza apareceu na cena alexandrina.

## *Filo*

Se Filo Judeu nasceu realmente em 20 a.C. como afirmam algumas fontes, teria sido o primeiro e talvez o único filósofo a viver cem anos.

[99] Aluno do cético Filo de Larissa e de Mnesarco, o Estoico, ele tentou conciliar as filosofias de seus tutores.

[100] Conhecida como a Quinta Academia.

[101] Cícero foi o exemplo mais admirável dessa escola.

Era originário de uma família de classe alta da tribo de Levi, e tanto seu pai, um dos principais arrendatários de impostos do Egito, quanto seu irmão, que se tornou um dos chefes da comunidade judaica, eram homens de peso em Alexandria.

A riqueza de sua família lhe permitiu desfrutar da melhor educação clássica disponível e dedicar muitos anos à aquisição de um conhecimento completo do pensamento e das tradições judaicas, mas também da filosofia platônica e de suas derivações. O resultado foi sua filosofia singular, uma mescla de platonismo e misticismo oriental, que o levou a ser chamado de Platão judeu por seus contemporâneos.

Filo é mais conhecido por seu vasto comentário alegórico sobre Gênesis. Nele, expôs sua ideia básica de que os personagens retratados não eram figuras históricas, mas alegorias relacionadas ao estado da alma. O resultado foi um amplo exercício em ética e psicologia.

Outras obras suas são uma explicação do Gênesis e do Êxodo em forma de perguntas e respostas, um conjunto de escritos sobre a Lei Mosaica e uma exposição sistemática dos principais pontos do Pentateuco.

Escreveu também extensamente sobre a perseguição dos judeus em Alexandria, os problemas que enfrentaram quando o Imperador Calígula[102] quis introduzir o culto e sua estátua nas sinagogas e um relato fascinante de uma seita judaica chamada Terapeutas, que habitava o litoral do Lago Mareótis e que parece ter tido muito em comum com os Essenas de Qumran, como os manuscritos do Mar Morto revelariam.

[102] Caio César Germânico sucedeu Tibério entre 37-41 d.C.

Como filósofo, Filo é o principal representante de uma grande escola filosófica alexandrina, exclusivamente judia e com uma profunda inclinação religiosa, que floresceu por uns três séculos. Foi o primeiro a fundir doutrinas religiosas e filosóficas de todo o mundo, um amálgama que influenciaria o gnosticismo,[103] o maniqueísmo[104] e mesmo os primeiros padres da Igreja.

Judeu ortodoxo, utilizou o Antigo Testamento para expor sua filosofia. A base dela era que Jeová, inacessível e indescritível que não podia sequer ser nomeado, pois Deus é uma palavra e nenhuma palavra poderia descrevê-lo, fora capaz de criar o mundo, assim como nós, por meio do Logos, ou Verbo. Esse Logos, para Filo, era o Mensageiro, a manifestação exterior de Deus, que revelou sua existência e criou o mundo. Essa teoria encontraria eco no Evangelho segundo São João: "No princípio era o Verbo, e o Verbo estava em Deus e o Verbo era Deus".

Com essa filosofia do Verbo, e especialmente por meio de sua interpretação alegórica do Antigo Testamento, Filo foi capaz de tornar o Jeová dos hebreus aceitável aos judeus alexandrinos. Só ocasionalmente ele afirmava que a verdade podia ser alcançada por outro modo que não a alegoria.

"Aqueles que podem ver, levantem seus olhos ao Céu e contemplem o Maná, o Verbo Divino. Aqueles que não podem ver, olhem as cebolas no chão."

[103] Ver p. 137.

[104] A religião de Mani, que se difundiu a partir da Babilônia no século IV d.C., ganhou muita influência por todo o império romano. Antes de abraçar o cristianismo, Santo Agostinho era adepto dela.

Filo não era apenas um contemplativo. Era também um homem de ação, pragmático, que viajou a Roma especialmente para pedir a Calígula que permitisse que os judeus de Alexandria tivessem o *status* de burgueses e que lhes fossem devolvidas várias sinagogas confiscadas. Também, e essa era uma missão muito mais delicada, para solicitar ao imperador que os isentasse da construção e do culto de sua estátua em suas sinagogas.

Como era de se esperar, ele nada conseguiu do louco governante, que não só ordenou que sua estátua fosse imediatamente colocada no Templo de Jerusalém como também que Filo fosse executado.

Felizmente, Calígula foi assassinado antes que as ordens pudessem ser cumpridas, o que não só resolveu o problema mas também salvou a vida de Filo. E significou também que pôde retornar a Roma durante o reinado de Cláudio e se encontrar com São Pedro, o que teria resultado em sua conversão ao cristianismo, embora ele o abjurasse depois.

Curiosamente, Santo Agostinho[105] afirmou categoricamente que Filo nada conhecia sobre o cristianismo, talvez porque o filósofo judeu não o mencionasse em nenhuma de suas obras. No entanto, sabemos que ele era membro de uma seita cabalística à qual também pertenciam os Essenas da Judeia, e eles com certeza sabiam tudo sobre Cristo e seus ensinamentos.

A partir de Filo, a filosofia alexandrina se combinou com o pensamento religioso, primeiro judeu e depois cristão, mas também se baseou no platonismo, no aristotelismo e no estoicismo. E como essas três doutrinas filosóficas afetariam as escolas de pensamento

[105] Aurélio Agostinho, bispo de Hipona, no norte da África (354-430 d.C.), considerado o maior dos primeiros padres da Igreja.

alexandrinas nos trezentos anos seguintes, vale a pena traçar um breve esboço de cada uma delas.

*Platonismo:* Quatro séculos antes do aparecimento de Filo, Platão (c. 428-347 a.C.) ensinava em sua Academia em Atenas que o mundo em que vivemos é simplesmente uma cópia imperfeita de um mundo ideal, e que o conhecimento não se dá por meio da percepção, mas de uma espécie de precognição de Ideias ou Formas, que eram a manifestação de certas leis e ideais que governavam os seres e as coisas.

No topo dessas ideias, Platão situava a ideia de Bondade, ou O Um, como a chamava, que era a causa de todas as outras ideias assim como do conhecimento que temos delas. Do mesmo modo que o Sol é a fonte da luz e da vida no mundo dos sentidos, assim a Ideia ou Forma de Bondade dá origem a outras Ideias ou Formas no mundo do pensamento. E prosseguia, explicando que essas não eram abstrações, mas substâncias que realmente existiam de forma independente, e como eram imutáveis e eternas, só elas representavam a verdade real.

Consequentemente, para Platão, a alma era uma realidade imaterial pertencente ao mundo das Ideias que poderia reconhecê-las aqui na Terra como resultado do conhecimento adquirido durante uma existência prévia.

Imortal por natureza, essa alma era dividida em três partes. Uma parte superior ou racional, que podia compreender as verdades e guiar o homem pela vida; uma parte "generosa", relacionada às nossas emoções nobres; e uma parte passional, responsável por nossa sensualidade e nossos desejos básicos. A alma era o princípio superior que guiava e animava o universo material, enquanto o mundo era modelado a partir da matéria pré-existente por um Demiurgo que simboliza a alma do mundo.

Finalmente, de acordo com Platão, a salvação da alma era alcançada por meio da disciplina intelectual, e a forma mais elevada de vida era a contemplação filosófica.

*Aristotelismo:* Aristóteles (384-322 a.C.), aluno de Platão, era mais pragmático e modificou várias das teorias de seu professor, principalmente as relativas ao modo como a alma "pensava" as coisas.

Em oposição às Ideias, propôs as Categorias, dez no total: substância, qualidade, quantidade, relação, lugar, tempo, posição, maneira de ser, ação e paixão. Elas não apenas "pensavam" o mundo exterior, mas eram também uma maneira objetiva de as coisas existirem.

Um realista que aceitava o mundo material tal como o conhecemos, Aristóteles rejeitava a alegação de Platão de que as Ideias, aqueles denominadores comuns a todos os seres, eram distintas deles e até os transcendiam. Afirmava que elas não só estavam presentes em cada indivíduo, mas que o homem era, na verdade, um amálgama de Sujeito e Ideia, e que alma e corpo formavam uma totalidade composta.

O aspecto com o qual concordava com Platão era a respeito da imortalidade da alma, que via como a fonte de todo movimento e mudança fora dela. Pensando nisso, ele desenvolveu sua teoria de uma Inteligência eterna como o Primeiro Motor de tudo que existe.

*Estoicismo:* Essa filosofia exposta por Zeno de Cítio[106] (335-264 a.C.) era um sistema compacto de lógica, metafísica e ética.

[106] Não confundir com Zeno de Eleia, filósofo grego do século V a.C., famoso por seus paradoxos.

Com um ideal altamente moral porém impessoal, ensinava o homem a vencer a si mesmo com uma vida conformada à natureza e ao ideal de fraternidade humana.

Do ponto de vista teológico, sua principal característica era um materialismo panteísta que rejeitava a distinção feita por Platão entre um mundo transcendente e imperceptível e aquele em que vivemos. O Estoicismo sustentava que o universo era totalmente material, embora admitisse um Princípio ativo e um passivo com, de um lado, a matéria bruta sem forma, caráter ou qualidade, e de outro, uma razão dinâmica ou plano que a formava e organizava, e que podia ser considerado como o Espírito.

Os estoicos concebiam esse Espírito como um vapor inflamado que permeava tudo, mas era imaterial. E não pareciam se preocupar com o paradoxo de ter duas entidades materiais ocupando o mesmo espaço.

Zeno e seus seguidores haviam tornado esse princípio ativo Deus ou a Providência, ou a Alma do universo, como às vezes o chamavam, com a ideia de que tudo havia sido programado pela Providência para o bem do homem. Isso estava na base de sua doutrina de submissão ao Destino.

A alma, para eles, era uma emanação do fogo divino, o Logos. Era formada pelos cinco sentidos e tinha o poder de se expressar e de reproduzir tanto ela mesma quanto o intelecto dominante ou a razão. A alma infundia o corpo, dando-lhe forma, caráter e organização, e, embora material, sobrevivia à morte do corpo até a conflagração cósmica final.

Ao misturar essas doutrinas com as doutrinas religiosas judaicas e apimentá-las com petiscos de crenças pagãs locais como aquelas ligadas a Hermes Trimegisto, Filo consolidou a forma de pensamento filosófico específica de Alexandria, que se transformaria nas teosofias do neoplatonismo e do gnosticismo.

Entretanto, antes de abordar esses últimos e sua influência sobre o cristianismo e o pensamento ocidental em geral, devemos dar uma olhada em dois grandes homens da ciência que viveram na Alexandria imperial durante os séculos I e II d.C.

# XIX

## Cláudio Ptolomeu (Ptolomeu) e Galeno

Embora Ptolomeu tenha sido o último e mais famoso dos astrônomos alexandrinos, conhecemos pouquíssimo sobre sua vida e temos de confiar em informações escassas provenientes de traduções de suas obras e de breves notas de escritores árabes para compor um vago perfil de sua biografia.

Parece que nasceu em Ptolemais Hermiu, um povoado grego no Alto Egito perto de Luxor (Tebas, como era conhecida naquela época), e mesmo isso é incerto, pois uma fonte afirma que nasceu em Pelúsio, um porto no delta egípcio, a cerca de trinta quilômetros da atual cidade de Port Said.

A data de seu nascimento também é incerta mas, em geral, aceita-se que ocorreu por volta do final do século I d.C. O que sabemos é que viveu 78 anos, durante o governo de quatro imperadores romanos, Trajano, Adriano, Antônio Pio e Marco Aurélio, e que morreu em Canopo, Alexandria, onde viveu a maior parte de sua vida.

Dizia-se que, de algum modo, descendia da família real dos Ptolomeus, mas provavelmente o motivo disso era seu nome, que simplesmente podia estar ligado à cidade onde nascera.

Ptolomeu dedicou sua vida ao estudo da astronomia, da geografia e da matemática, que rapidamente entendeu como inter-dependentes. Graças a seu conhecimento de matemática, foi capaz de provar que o mundo era redondo e desenvolveu sua teoria relativa aos movimentos das estrelas e a Terra como centro do universo.

Embora evidentemente falsa, essa hipótese resistiu a exames críticos por nada menos que 1.400 anos.

Seu trabalho mais conhecido era o *Almagesto,* originalmente chamado *A concepção matemática.* Os árabes foram os responsáveis pelo último nome, ao acrescentar o artigo *al* (o) à palavra grega *Megiste,* que significa grande, e era assim que os árabes o reconheciam como astrônomo.

O *Almagesto* é o único tratado completo de astronomia grega que sobreviveu até os tempos modernos. Nele, Ptolomeu explicava em detalhes a geometria plana e esférica e também oferecia informações de todos os tratados matemáticos escritos antes sobre o assunto. Na verdade, é graças a ele que conhecemos as teorias de antigos astrônomos, como Aristarco de Samos e Hiparco, "esse entusiástico trabalhador e amante da verdade", que Ptolomeu considerava seu mestre.

Ptolomeu também era um estudioso incansável e acrescentou várias centenas de estrelas à lista preparada por Hiparco. Suas descobertas e acréscimos aos registros de astrônomos anteriores eram tão notáveis que aparentemente foram inscritas nos pilares do templo do deus Serápis em Canopo. É curioso que Ptolomeu não tenha feito nenhuma observação astrológica sobre a Lua, e aquelas que registrou no *Almagesto* eram provavelmente babilônicas.

Entre as outras obras de Ptolomeu incluem-se *Hipóteses sobre os planetas,* que descreve resumidamente suas opiniões sobre o movimento dos corpos celestiais; um tratado sobre música chamado *A harmônica;* e *Ótica,* considerada a primeira tentativa registrada de uma teoria geral da visão, da refração da luz e dos espelhos. Ptolomeu produziu também dois tratados sobre astrologia — o *Tetrabiblos* e o *Gentilóquio* e uma *História dos reis,* cronológica, aparentemente uma lista de governantes assírios, persas, gregos e romanos que se propunha a ser um parâmetro de referência para trabalhar os intervalos de tempo entre um evento contado e uma determinada data na história, ou pelo menos é o que se diz.

Por fim, havia o *Guia para a geografia,* certamente sua obra mais importante depois do *Almagesto.* Era um levantamento abrangente de tudo o que havia sido dito e descoberto no que diz respeito à geografia, completado com listas de lugares, suas latitudes e longitudes, o tamanho estimado do globo e sugestões para cartografia. Isso explica por que, até o Renascimento, a fama de Ptolomeu se baseava tanto em suas obras de geografia quanto nas de astronomia.

**Cláudio Ptolomeu foi o mais famoso astrônomo alexandrino, e um dos primeiros cientistas a provar que o mundo é redondo.**

Cabe aqui uma explicação sobre os instrumentos que ele utilizou para a observação de estrelas. Basicamente eram dois: aquele conhecido como "esfera armilar", um dispositivo com miras móveis e anéis metálicos graduados, utilizado para calcular a posição de uma estrela, e um quadrante meridiano que indica a altitude do sol ao meio-dia. Provavelmente, ele utilizou também o enorme quadrante construído no centro do principal teatro de Alexandria, que existia ali desde o início da época ptolemaica.

Porém, Ptolomeu não possuía astrolábio, que podia determinar a altitude de uma estrela e seria o instrumento básico do astrônomo desde 600 d.C. até a invenção do telescópio no século 17. O que explicaria a inexatidão de muitos de seus cálculos.

Pode-se muito bem indagar por que Ptolomeu foi considerado o maior astrônomo durante catorze longos séculos, quando toda a sua ideia sobre o universo era baseada em premissas geocêntricas totalmente falaciosas. A resposta é que seu sistema refletia o conceito aristotélico de que a Terra era o centro de tudo. E dado que o conhecimento científico nos mil anos seguintes foi controlado pela Igreja, que acreditava que a fórmula aristotélica refletia admiravelmente a doutrina cristã, ninguém pensou nem ousou desafiar as conclusões de Ptolomeu.

Também os estudiosos árabes que traduziram o *Almagesto* aceitaram sem questionar seu sistema geocêntrico como a única solução para o mistério do universo, e os demais apenas seguiram o exemplo.

## *Galeno*

Nenhum relato da cultura alexandrina seria completo sem mencionar o homem que é considerado o maior médico da Antiguidade depois de Hipócrates, e que admitiu abertamente sua dívida para com os anatomistas de Alexandria e as escolas médicas da cidade em geral.

Galeno nasceu em Pérgamo, que antes fora rival de Alexandria como centro de saber e que na época de seu nascimento, em 130 d.C., possuía a segunda maior biblioteca do Mundo Antigo (mesmo Marco Antônio tendo dado a maior parte dela à Cleópatra alguns séculos antes).

A propósito, foi em Pérgamo que o pergaminho, ou *charta pergamena,* foi inventado por volta de 175 a.C.* Feito de pele de carneiro, de cabra ou de bezerro, possibilitando a escrita em ambos os lados e a costura de suas folhas juntas, ele abriu caminho para o códice, o precursor do livro.

O pergaminho e depois o velino, uma versão superior feita das delicadas peles de cabritos ou de bezerros e carneiros natimortos, começaram a competir seriamente com o papiro como material de escrita na época de Galeno.

O outro aspecto importante da cultura de Pérgamo era seu interesse por medicina, cujo testemunho era o grande santuário dedicado ao deus Asclépio, construído fora das muralhas da cidade. Isso com certeza influenciou o jovem Galeno.

Seu pai, um arquiteto de renome, deu a ele uma educação liberal, e quando atingiu a idade de dezoito anos, conhecia muito sobre as principais filosofias, mas quase nada de medicina. O pai então sonhou que Galeno se tornaria um médico famoso, e ele, que era um filho obediente, logo iniciou seus estudos médicos.

* Parece que o pergaminho já era usado desde 1500 a.C., mas o rei de Pérgamo, que reinou entre 197 e 159 a.C., recebeu o crédito por sua invenção. (N. do T.)

Galeno gostava muito do pai, "um homem amigável, justo e digno", como o descreveu, e quando ele morreu, Galeno saiu de casa, pois não se dava bem com a mãe, que, segundo os relatos, tinha um gênio ruim e passava o tempo todo gritando com todo mundo, dizendo-se até que mordia suas criadas quando não faziam o que queria. Assim, ele partiu para Esmirna para estudar com um médico chamado Pélope. Depois disso, perambulou pela Grécia, Palestina, Creta e Chipre até chegar a Alexandria, que ainda era o melhor lugar para aprender anatomia.

Não sabemos quanto tempo permaneceu ali, mas é de se supor que tenham sido vários anos, pois só retomou a Pérgamo em 158 d.C., já um cirurgião totalmente qualificado. É óbvio que aprendeu nas escolas médicas alexandrinas tudo o que se podia conhecer sobre a anatomia e o funcionamento do corpo humano, ainda que a dissecação de cadáveres fosse então proibida, e tudo sobre dietas, o que seria muito útil quando foi nomeado médico e cirurgião da escola de gladiadores de Pérgamo.

**Galeno, considerado um dos maiores médicos da Antiguidade, formou-se nas escolas alexandrinas e tratou de pacientes ilustres, como o imperador Marco Aurélio.**

Mas medicina não foi tudo o que ele aprendeu em Alexandria. Nas salas de leitura da Biblioteca Filha no Serapeum, ele encontrou assunto para pensar sobre sua outra paixão na vida, a filosofia, pela qual se tornaria quase igualmente famoso.

De Pérgamo, Galeno partiu para Roma, onde rapidamente ganhou fama por suas palestras sobre medicina e filosofia. Estas, além do tratamento bem-sucedido de pacientes de prestígio, como o filósofo Eudemo e o cônsul Boeto, valeram-lhe os títulos de *paradoxologus* (orador maravilhoso) e *paradoxopoeus* (artífice maravilhoso).

Galeno não era uma pessoa fácil, apesar de seus modos brandos e de ter um nome que significava "gentil" ou "pacífico". Uma centelha da irascibilidade de sua mãe apareceu em seus ataques a certos membros do corpo médico romano, que ele julgava não estarem à altura dos ensinamentos de Hipócrates. O resultado é que ele fez tantos inimigos que em 168 decidiu arrumar as malas e voltar para Pérgamo.

Mas seu autoexílio não durou muito. O imperador Marco Aurélio era seu paciente e o quis a seu lado durante a campanha contra os germanos. Então ele retomou a Roma.

Na verdade, Galeno não acompanhou o imperador ao norte, mas permaneceu em Roma para cuidar de Cômodo, o herdeiro do trono, e daí em diante tentou não chamar a atenção, dedicando-se a escrever sobre assuntos médicos e filosóficos. "O melhor médico é também um filósofo", afirmou em uma de suas obras.

Galeno deixou cerca de quinhentos tratados. Entre os não médicos havia comentários sobre *Categorias* e *Analítica* de Aristóteles, sobre o *Timeu* de Platão e sobre a comédia antiga ática em geral. Só restaram fragmentos deles, porém suficientes para percebermos quão ecléticos eram seus interesses científicos e literários, típicos dos principais estudiosos da Antiguidade que passaram pelas dificuldades das grandes escolas alexandrinas.

## *Plutarco de Queroneia*

Uma história do pensamento alexandrino também seria incompleta sem uma palavra sobre Plutarco, o historiador, biógrafo e filósofo, cuja obra, *Vidas paralelas,* provavelmente foi a obra isolada que mais influenciou a literatura através dos tempos. E não só a literatura. Como William de Burgh disse em seu *Legacy of the Ancient World (Legado do Mundo Antigo):* "Se as *Vidas* forneceram material para as peças de Shakespeare, chegaram até mesmo a inspirar o idealismo republicano dos líderes da Revolução Francesa".

Plutarco nasceu por volta de 46 d.C. em Queroneia, na Beócia (Grécia central), cidade onde Filipe da Macedônia, o pai de Alexandre, vencera uma batalha decisiva contra uma confederação dos estados gregos e estabelecera a supremacia macedônia na Grécia.

Ao atingir a idade de 27 anos, Plutarco já era discípulo de um platônico egípcio chamado Amônio, que ensinara filosofia em Alexandria e depois na Academia em Atenas, e quem provavelmente sugeriu a seu aluno que viajasse para Alexandria.

Curiosamente, embora Plutarco cite diversas vezes a cidade-porto em sua *Vidas,* não há em seus escritos nenhum registro de que ele tenha realmente estado em Alexandria. E, no entanto, é fato que ele foi para lá e até passou algum tempo, provavelmente estudando na Biblioteca do Serapeum com o objetivo de coletar informações sobre as práticas religiosas egípcias para seu livro *Sobre Ísis e Osíris.*

Lá ele teria vivido fora das muralhas da cidade, em um lugar isolado na extremidade da extensa baía a oeste do porto, onde estão hoje as ruínas do antigo forte de Agami e começam as intermináveis praias de areia branca. Agami, hoje, é um denso subúrbio, mas no tempo de Plutarco seria pouco mais que um pequeno número de cabanas de pescadores abrigadas atrás da Ilha Marabout, um enorme rochedo a cerca de 300 metros da costa, que na época talvez também fosse habitada.

É difícil avaliar o impacto do pensamento alexandrino sobre Plutarco, e vice-versa, mas, com certeza, ele contribuiu para o desenvolvimento do neoplatonismo. Sendo ele próprio um platônico fervoroso, com aquele toque oriental que seria a marca registrada da escola filosófica alexandrina, pode ser considerado um neoplatônico antes do tempo. Plotino e Porfírio, sem falar em Hipácia, que seriam os três grandes expoentes do neoplatonismo, consideravam-no um dos seus.

Portanto, não se pode considerar rigorosamente que ele fazia parte do grupo de homens e mulheres que foram responsáveis pelas escolas de pensamento alexandrinas porque não viveu nem pensou realmente lá. Suas afinidades com esses eruditos era suficiente para classificá-lo como membro honorário de seu clube.

## ∾ XX ∾

## Alexandria e a religião

Durante os 250 anos seguintes, isto é, do fim do século II até o início do século V, Alexandria se tornaria um campo de batalha de conceitos e crenças religiosas conflitantes, e não só em termos acadêmicos.

Os bons e velhos tempos de altercações pedantes sobre o significado de uma palavra e a cadência de um verso, ou de controvérsia cáustica sobre uma descoberta científica ou médica, foram esquecidos quando os alexandrinos sucumbiram a uma onda de fanatismo e tornaram-se tanto os instigadores quanto as vítimas de perseguições, violência das massas e, em pelo menos três ocasiões, de ocupações militares, com os inevitáveis assassinatos e pilhagens.

Porém, a maioria dos protagonistas dessa nova inclinação da cultura alexandrina eram pessoas de ideais elevados, cujo objetivo na vida era a melhora moral do ser humano. Eram chamados neo-platônicos, gnósticos e cristãos, e aqueles que exerceriam os efeitos mais poderosos e duradouros sobre o pensamento, os costumes e as instituições ocidentais eram os principais cristãos alexandrinos, conhecidos como "os primeiros padres da Igreja".

Mas antes de falarmos deles, é melhor dizer algo sobre o gnosticismo e o neoplatonismo, para que sejam entendidas as razões dos conflitos entre eles.

Dos dois, o mais complicado de definir é o gnosticismo. Basicamente, era uma mistura das diferentes religiões existentes, sobre as quais o cristianismo teve um efeito sincrético. Surgiu no início do século II e atingiu seu auge no final do século, sendo substituído por um movimento muito próximo chamado maniqueísmo, embora alguns de seus ramos tenham persistido até os séculos IV e V.

Por causa da interpretação errada da palavra *gnosis*, entendida como conhecimento e não como revelação, o gnosticismo tem sido descrito como o traço intelectual em alguns dos primeiros cristãos. É bem verdade que os gnósticos estavam convencidos de que só eles tinham a capacidade de atingir um certo conhecimento místico e final, mas isso se daria por meio da revelação espiritual, não da reflexão intelectual.

Essa revelação, diziam, vinha-lhes diretamente de Jesus e de seus discípulos ou dos profetas, a quem, afirmavam, estavam ligados por tradições arcanas.

Como em muitas religiões místicas, o objetivo último do gnosticismo era a salvação individual por meio de uma divindade redentora que podia mostrar ao fiel como alcançá-la. Ritos, fórmulas e símbolos sagrados desempenhavam um papel muito importante, e como a alma do gnóstico só podia alcançar o céu mais elevado se fosse versada em todos eles, isso significava que ela precisava conhecer, por exemplo, os nomes de todos os anjos ou demônios com os quais ele poderia se deparar depois da morte.

Era uma religião marcada pelo dualismo oriental de dois mundos opostos do bem e do mal, da luz e da escuridão, e governada por sete forças criadoras do mundo, metade boas e metade más, que eram as emanações mais baixas do Ente Supremo. É muito provável que essas sete forças representassem o Sol, a Lua e os cinco planetas.

Outra característica proeminente do gnosticismo era o Homem Primal, que se supunha ter existido antes que o mundo fosse criado, e era o profeta que, depois de aparecer sob várias formas, finalmente se revelara como Cristo.

O neoplatonismo, por outro lado, foi descrito como uma teoria filosófica que trata das origens da alma e dos meios pelos quais ela pode retornar ao Ser Supremo, chamado Nous.

Era um sistema que englobava: a) o Ser Primevo, b) um mundo ideal do qual a alma fazia parte e c) um mundo material ou dos fenômenos. Baseava-se mais na filosofia grega principalmente na dos estoicos, na dos pitagóricos,[107] e na de Aristóteles, mas, acima de tudo, na de Platão, o "Filósofo Divino" — do que nas religiões místicas.

O neoplatonismo exortava o homem à prática da virtude, considerada a única maneira de a alma se elevar e contemplar o Nous, a mais alta esfera acessível à mente humana. Mas isso era conseguido graças ao êxtase e não à revelação, como ocorria com os gnósticos. Portanto, era uma abordagem mais cerebral, ainda que envolta em ritos religiosos e tradições arcanas.

[107] A filosofia pitagórica, embora não bem compreendida, vê a matemática como o princípio básico responsável por todas as coisas, isto é, a lei do universo.

# XXI

## Os gnósticos cristãos e os primeiros neoplatônicos

Dois nomes, ambos egípcios, destacam-se entre os inúmeros seguidores dessa mistura de piedade cristã, mitologia oriental e superstição que era a essência do gnosticismo cristão.

Basílide e Valentino nasceram no início do século II e foram criados e educados em Alexandria. Mas depois seus caminhos divergiram. Valentino embarcou para Roma na ilusão de que teria a oportunidade de ali se tornar bispo, enquanto Basílide, dez anos mais velho que Valentino, permaneceu em sua cidade natal toda a vida.

No entanto, o valentinismo era o mais impregnado de mitos orientais. Como o mito de Horos, obviamente baseado no deus egípcio Horo, cuja função nesse sistema gnóstico particular era separar os *eons*, ou anjos caídos, daqueles que haviam permanecido bons no mundo superior. Horos, às vezes, era chamado Stauros, a Cruz, e identificado com a imagem do Redentor cristão.

Havia também Sofia, certamente inspirada nos gregos, que aparecia como a irmã de Cristo, um figura enigmática que, em certos momentos, representava o Homem Primal gnóstico. Sofia fora redimida de suas paixões por Horos-Stauros, de modo que a criação do mundo pudesse acontecer. Tudo isso era muito confuso para os não iniciados e servia de munição para os clãs teológicos rivais que queriam destruir Valentino e seus seguidores como heréticos.

Apesar disso, parece que Valentino tentou se manter o mais próximo possível dos ensinamentos da Igreja Ortodoxa, e com certeza não tinha a intenção de formar uma seita religiosa. Mas sua teologia estava tão impregnada do dualismo oriental em um momento em que a Igreja estava tentando se desvencilhar da mitologia e da escatologia, que sua exclusão foi inevitável.

Não se sabe ao certo quando a cisão ocorreu, mas é provável que tenha acontecido quando ele deixou Roma e se estabeleceu em Chipre. Entretanto, o boato de que ele se desligara por ressentimento porque não conseguira o bispado romano era quase certamente baseado em mexericos maliciosos.

Como de costume, a maioria dos escritos de Valentino foi perdida ou destruída, e o *Sintagma* de Justino Mártir,[108] um dos primeiros apologistas cristãos que aparentemente descrevia sua forma específica de gnosticismo, também desapareceu. Assim, coube à posteridade juntar as peças de seu sistema teológico altamente sofisticado, ou por meio de fragmentos de escritos deixados por seus numerosos discípulos, muitos dos quais tinham suas próprias ideias sobre o assunto, ou por meio dos escritos de contemporâneos seus, como Clemente de Alexandria,[109] Orígenes[110] e Irineu de Lion;[111] em outras palavras, os primeiros padres da Igreja.

[108] Nascido cerca de 100 d.C., era um filósofo que se convertera ao cristianismo e em 167 foi martirizado por suas crenças religiosas pelo prefeito de Roma, Rústico.

[109] Ver p. 147.

[110] Ver p. 151.

[111] Bispo de Lion no final do século II, foi um dos mais importantes teólogos da Igreja antes do Concílio de Niceia.

O fato de eles se preocuparem em analisar o gnosticismo valentiniano mostra quão disseminada era essa forma de teologia cristã durante o século II.

Quanto a Basílide, além do fato de que viveu e morreu em Alexandria, quase nada se sabe sobre ele. Parece que existiam duas descrições divergentes de sua doutrina, uma de autoria de Irineu e outra de um certo Hipólito, contemporâneo de Orígenes e prolífico escritor da igreja inicial. Mas é provável que jamais saibamos qual dos dois era o correto.

Basílide, de fato, fundou uma escola de teologia em Alexandria, e provavelmente a confusão sobre sua doutrina origina-se do fato tanto de sua escola quanto de seu filho Isidoro terem desenvolvido variações dela.

Apesar disso, ele e Valentino se destacam como os expoentes daquele gnosticismo cristão que floresceu em Alexandria e teria tanto impacto não só no desenvolvimento da teologia cristã, mas também no clima político e moral da cidade nos dois séculos seguintes.

## *Amônio Sacca e Plotino, os primeiros neoplatônicos*

Perto do final do século II, quando o gnosticismo estava no auge, apareceu na cena cultural alexandrina o mais improvável filósofo, chamado Amônio Sacca.

Cristão de origem humilde que passou a primeira parte da vida trabalhando como carregador, tinha pouco em comum com a intelectualidade da cidade. Ninguém sabe quem lhe ensinou sobre os antigos filósofos gregos e sobre Platão em particular, nem se participou de alguma discussão no santuário literário do Serapeum.

Só que, de repente, homens famosos e reconhecidos como Clemente de Alexandria e Orígenes estavam assistindo às palestras de um homem conhecido como "o ensinado por Deus".

Então, quando estava mais ou menos na metade de sua vida — ele viveu até a idade avançada de 82 anos —, abandonou o cristianismo por uma filosofia religiosa própria que seria conhecida, graças a seu discípulo Plotino, como neoplatonismo.

Como já vimos, essa nova escola de pensamento se baseava principalmente em Platão, que, por sua vez, se inspirara nos ensinamentos de Sócrates.[112] E há uma admirável analogia entre Amônio e o "pai" da filosofia. Ambos viveram e ensinaram uma filosofia de inspiração própria, a qual não se preocuparam em escrever, tarefa que deixaram para um aluno ilustre; ambos viveram nas capitais intelectuais da época, e ambos fundaram escolas de filosofia que teriam um profundo efeito sobre a cultura ocidental, ainda que seu *status* como filósofos não possa ser comparado.

Na realidade, não sabemos o que Amônio ensinava nessas palestras, mas tem-se a impressão de que elas eram apresentadas a um círculo pequeno e que os pronunciamentos do "mestre" se destinavam apenas a uma pequena elite composta de estudantes e amigos que levavam uma espécie de comunidade com ele e concordavam em manter em segredo a nova doutrina.

Ele devia saber como propagar sua mensagem, pois Plotino, que assistira às palestras de outros filósofos sem ficar muito satisfeito, exclamou após ouvi-lo: "Esse é o homem que eu buscava".

[112] O maior dos filósofos gregos (c. 470-399 a.C.), tido por alguns como aluno de Arquelau de Mileto, outro filósofo do século V a. C. Seu discípulo mais famoso foi Platão.

E tendo-o encontrado, Plotino, que se tornaria o principal expoente do neoplatonismo, permaneceu com Amônio até sua morte, onze anos mais tarde.

Plotino (205-270 d.C.) tornou-se aluno de Amônio Sacca com quase trinta anos de idade. Após a morte do mestre, presumivelmente, um pouco desocupado, decidiu partir e realizar algumas pesquisas de campo sobre o que denominava "a filosofia praticada entre os persas e honrada pelos indianos".

Assim, ao saber que o imperador Górdio havia decidido liderar uma expedição à Pérsia, conseguiu convencê-lo a seguir com ele. Mas estava sem sorte, pois Górdio foi assassinado na Mesopotâmia e Plotino teve de fugir para Antióquia. E foi o mais perto que chegou da Pérsia.

Depois disso, por um motivo que nunca explicou, decidiu não retornar a Alexandria e foi para Roma, onde viveu os 25 anos seguintes.

Quase nada se sabe sobre os primeiros anos de sua vida, exceto que nasceu no Alto Egito, provavelmente na Assiut de hoje, e que seus pais eram ricos o bastante para enviá-lo a uma escola de gramática desde a tenra idade de oito anos. Mas nunca falou sobre sua juventude. Seu discípulo e biógrafo Porfírio[113] disse que "ele parecia envergonhado de fazer parte de um grupo, e assim recusava-se a falar qualquer coisa sobre seus pais, sua ascendência ou seu país".

Em Roma, passou a ensinar filosofia e congregou a seu redor políticos, médicos, banqueiros, muitas mulheres distintas, e teve até, entre seus seguidores, outros filósofos profissionais,

[113] De origem síria, nasceu em Tiro, em 234 d.C. Depois de estudar com Cássio Longino, também um discípulo de Amônio Sacca, partiu para Roma e viveu com Plotino. Além de *Vida de Plotino,* escreveu também uma *Vida de Pitágoras.*

como Porfírio. As pessoas iam lhe pedir conselhos sobre tudo, deixando fortunas e até filhos a seus cuidados. Diz-se que, por sua causa, um senador atingiu tal estado de desprendimento das coisas mundanas que dispensou seus empregados, abandonou suas posses e abriu mão de seu cargo.

O imperador Galieno[114] e sua mulher, Salônia, tinham tanto apreço por Plotino que estavam dispostos a apoiar um projeto para estabelecer uma cidade na Campânia[115] seguindo o modelo da *República* de Platão. Infelizmente, os conselheiros imperiais que controlavam os gastos se opuseram à ideia, e nada foi feito.

De início, Plotino não pôs no papel nenhum de seus ensinamentos, talvez por causa da promessa de sigilo que fizera a Amônio Sacca. Mas quando a promessa foi quebrada por outros, decidiu que estava livre para escrever, embora aparentemente sem muita pressa. Em 263, quando Porfírio tornou-se oficialmente seu discípulo, completara apenas 21 de seus 54 tratados. Encorajado por Porfírio e por outro amigo filósofo, redigiu outros 24 tratados nos seis anos seguintes — um grande feito para um homem que não gostava de escrever e tinha a vista ruim —, enquanto os últimos nove foram completados com dificuldade em seus dois últimos anos de vida. Depois de sua morte, Porfírio os agrupou em um conjunto de nove livros que se tornaram conhecidos como *Enéades*.

Vegetariano e homem de hábitos austeros, Plotino passou a maior parte da vida em meditação, buscando aquela "união íntima com Deus que está acima de todas as coisas".

[114] Públio Licínio Ignácio Galieno, imperador de 260 a 268 d.C. Esse período da história romana ficou conhecido como o reinado dos Trinta Tiranos.

[115] Região do centro-oeste da Itália, abrangendo Nápoles.

Durante os anos que esteve com ele, Porfírio testemunhou que ele conseguira isso quatro vezes.

Ele morreu na casa de um amigo na Campânia, quase cego e muito doente e suas últimas palavras teriam sido: "Agora devo esforçar-me para fazer com que o que é divino em mim se eleve até o que é divino no universo".

Plotino foi um dos mais importantes filósofos do misticismo e conseguiu combinar gênio metafísico com uma experiência de êxtase única. Sem ele, o neoplatonismo nunca teria desempenhado um papel tão importante na teologia e na filosofia ocidentais antigas.

Naquela época, escolas gregas rivais começavam a se fundir em um sistema teocêntrico ao mesmo tempo universal e individual, e Plotino funcionou como um catalisador nesse processo. Tornou-se também o propagador de uma filosofia que dominaria e tragaria todas as outras, até mesmo em Atenas, até o fechamento definitivo de suas escolas pelo imperador Justiniano em 529.

Mas não devemos esquecer que tudo começou em Alexandria, com Amônio Sacca, e que, embora Plotino realizasse a maior parte de seus ensinamentos em Roma, o neoplatonismo, com sua mistura de lógica grega e misticismo oriental tingido com matizes judaicos e cristãos, era exclusivamente alexandrino. Por esse motivo tornou-se também conhecido como a Escola de Pensamento Alexandrino.

# ⁓ XXII ⁓

## Os primeiros padres da Igreja

Segundo a tradição, o cristianismo criou raízes em Roma por volta da metade do século I, quando lá chegaram São Pedro e São Paulo. Mas nos cem anos seguintes, foi Alexandria que se tornou o epicentro do pensamento cristão, onde aqueles primeiros teólogos, os padres da Igreja iniciais, realizaram o sincretismo da religião que desabrochava e conformaram o dogma e o destino do cristianismo.

Aparentemente, tudo começou quando São Marcos, o autor do Segundo Evangelho, chegou a Alexandria em 45 d.C., depois de ter acompanhado São Pedro em várias viagens à Palestina, à Síria, a Chipre e a Roma.

Ele fora enviado para pregar a nova fé e seu primeiro converso parece ter sido um sapateiro judeu chamado Amiano. Ele construiu a primeira igreja cristã e provavelmente foi o primeiro bispo da cidade, embora não se saiba se o bispo São Marco era o mesmo Marcos, também conhecido como João, primo de Barnabé, a quem São Pedro se referiu como "meu filho Marcos".

Seu oratório ficava no promontório de Silselé, perto do templo de Ísis, e foi lá que todos os bispos que o sucederam difundiram o Evangelho, até que o bispo se tornou um patriarca e a influente comunidade cristã construiu outras igrejas e depois seu próprio centro cultural, a escola Catequética,[116] que seria o palco de tantos debates e cismas nos séculos seguintes.

## *Clemente de Alexandria*

Um dos diretores dessa escola foi Tito Flávio Clemente. Clemente nasceu em Atenas por volta de 150 d.C. Seus pais não eram cristãos, e antes de se converter ao cristianismo ele foi iniciado nos mistérios das religiões antigas. Ele deixou Atenas para viajar pelo Oriente Próximo em busca de "um professor que pudesse acalmar sua sede de verdade e sabedoria". Encontrou-o em Alexandria, na pessoa de Panteno, o diretor da Escola Catequética, de quem se tornou assistente e sucessor depois de ser nomeado presbítero da Igreja de Alexandria.

Homem de imensa cultura, ele ocupa um lugar muito particular na história do cristianismo, pois foi o responsável pela influência das verdades cristãs nas especulações pagãs (neoplatônicas) e cristãs heréticas (gnósticas) emergentes.

Basicamente um filósofo, Clemente utilizou seu vasto conhecimento das teorias e crenças religiosas existentes para formular sua concepção de cristianismo, e bem poderia ser considerado a versão cristã de Filo Judeu, com quem compartilhava a convicção de que só as Escrituras continham a revelação da sabedoria divina aos homens.

O cristianismo de Clemente tinha muito em comum com os credos dos gnósticos e, no entanto, ele discutia continuamente

[116] Também conhecida como Didaskalion.

com eles sobre a questão da fé que, segundo ele, era o único meio pelo qual o homem podia atingir o conhecimento perfeito ou gnose. A fé, ele insistia, era muito mais do que um simples apoio para os ignorantes e um recurso para os cristãos comuns, como alguns gnósticos cristãos sustentavam.

Clemente acreditava que Cristo era o verdadeiro Professor, e que só Ele podia dar ao homem a gnose perfeita que leva à libertação do pecado, à retidão e à imortalidade. A motivação central de sua teologia era uma doutrina do Logos, que, em uníssono com o Pai, era a principal causa de tudo. Somente por meio da contemplação o homem podia alcançar a divindade. Prova suficiente de quanto Clemente estava impregnado das religiões do mistério que estavam em voga naquele tempo.

O interessante é que, embora definisse e defendesse rigorosamente a realidade da Encarnação, a questão da humanidade de Jesus, que causaria tantas controvérsias amargas no século seguinte, parece ter tido pouca importância para ele.

Se Clemente foi o primeiro desses padres da Igreja, foi também o mais universal, e isso certamente se deveu a seu interesse pela filosofia e pela cultura gregas, como mostram seus escritos. Eusébio[117] (260-340 d.C.), outro desses padres da Igreja, e São Jerônimo[118] produziram uma lista desses escritos, mas só quatro dos principais chegaram até nós. São eles O *Tutor, Uma exortação aos gregos, Miscelâneas* e *Quem é o rico que se salva?*

[117] Eusébio Panfili, bispo de Cesareia, na Palestina, historiador eclesiástico mais conhecido por sua *História da Igreja Cristã.*

[118] Eusébio Sofrônio Jerônimo (340-420 d.C.), grande estudioso cristão, santificado pelos serviços prestados à Igreja em questões de erudição. Sua principal obra é a *Vulgata.*

O primeiro explicava como a Encarnação de Cristo levaria a humanidade à Verdade e como um cristão devia se comportar em vida. O segundo demonstrava como mesmo os antigos filósofos e poetas gregos reconheciam a espiritualidade do Ser Divino e como ela fora completamente revelada pelos profetas hebreus. Clemente, a propósito, estava convencido também de que a literatura sagrada do Egito antigo tinha tal importância que os profetas deviam conhecer de cor todos os 42 livros do *Corpus hermeticum*.

A terceira obra, como seu título indica, era uma coleção de tratados sobre temas tão diversos quanto a cronologia, a poesia e a filosofia, enquanto a quarta era um relato notável da história contada no Evangelho segundo São Marcos (cap. 10, vers. 17-31), na qual ele sustenta que a riqueza, se usada adequadamente, não está em desacordo com o ensinamento cristão.

A teologia de Clemente, que continha muitas das tendências especulativas religiosas daquela época, e que se baseava na ideia de que todo iluminismo conduz de alguma maneira às verdades cristãs, era um feliz equilíbrio entre fé e filosofia; uma abertura de espírito que lhe permitia se relacionar bem com as crenças dos outros, contanto que elas ajudassem os homens a alcançar o objetivo último de "conhecimento perfeito".

Se sua forma de cristianismo era tingida com aspectos de gnosticismo e platonismo (ou tingida de aspectos gnósticos e platônicos), seus princípios morais, envolvendo um controle rígido dos apetites corporais e a renúncia aos prazeres da carne, tinham um sabor de estoicismo. Ironicamente, no entanto, o estoicismo foi responsável indiretamente pela primeira perseguição oficial de Roma contra os cristãos no reinado do imperador filósofo Marco Aurélio (121-180 d.C.).

Mas naquela época Alexandria não estava de fato envolvida, e foi somente quando o imperador Sétimo Severo[119] visitou a cidade e lançou um edito proibindo a conversão ao cristianismo é que os problemas começaram.

Não se sabe se a antipatia do imperador contra a religião cristã se devia à sua segunda esposa, Júlia Dona, filha de um sacerdote de Baal, ou se ele foi influenciado pelas ideias de seu antecessor de que a religião cristã ameaçava a estabilidade social do império. Porém, o edito detonou uma onda de perseguições que afetaria os cristãos de Alexandria, suas crenças e as relações entre eles durante os dois séculos seguintes.

Felizmente, Clemente não foi vitimado, mas Leônidas, o pai de um ex-aluno seu de dezessete anos, foi, e isso exerceu um profundo efeito no rapaz em questão, que se tornaria o mais influente e respeitado de todos os teólogos da Igreja, exceto, Santo Agostinho.

Clemente morreu na Capadócia em 215 d.C.

[119] Isso aconteceu em 202 d.C.; após sua guerra contra os partos e a anexação da Mesopotâmia.

# XXIII

## Orígenes, conhecido como Adamâncio, o homem de ferro

O jovem aluno de Clemente nasceu em 185 d.C., provavelmente em Alexandria, e, como seus pais eram cristãos, foi enviado para estudar na Escola Catequética, a única instituição na cidade que ensinava tanto as Escrituras quanto as ciências gregas.

Mas o martírio de seu pai pôs um fim nisso, e da noite para o dia ele teve de passar a viver de expedientes para cuidar da mãe e dos seus seis irmãos menores.

Ele devia ter o dom da loquacidade e uma inteligência formidável, pois conseguiu convencer uma rica senhora cristã a lhe emprestar dinheiro para fundar sua própria escola de gramática. Um ano depois, com apenas 18 anos, fazia tanto sucesso que o bispo concordou que ele devia dirigir a Escola Catequética.

Assim, durante alguns anos, ele dirigiu as duas, o que não o impediu de continuar seus estudos sobre Platão e sobre as obras do neopitagórico Numênio,[120] de assistir às palestras de Amônio Sacca e de aprender hebraico para ler o Antigo Testamento no original.

[120] Filósofo grego de Apameia, na Síria, precursor dos neoplatônicos, ativo na segunda metade do século II d.C.

Mas de repente, e sem razão aparente, desistiu da escola e vendeu todos os seus livros. Talvez fosse um gesto simbólico, para mostrar que estava se afastando de tudo que não fosse estritamente relacionado ao cristianismo, embora continuasse a trocar opiniões com os filósofos pagãos e os principais gnósticos.

Poucos professores religiosos se dedicaram tão inteiramente àquilo em que acreditavam quanto Orígenes, ou tiveram tanto cuidado em assegurar que nada os atrapalharia em suas vocações. Ele entra na história como o único teólogo conhecido que se castrou para poder aceitar mulheres em suas aulas sem ser perturbado por sua feminilidade!

Orígenes foi o escritor mais prolífico dos primeiros padres da Igreja, e são atribuídas a ele cerca de 6 mil obras (o que provavelmente é um exagero). No entanto, só começou a escrever aos trinta anos, quando um rico gnóstico chamado Ambrósio, que ele levara de volta ao cristianismo, pôs sua riqueza à disposição de Orígenes para que pudesse contratar os escribas e copistas necessários e também começasse a viajar.

Ele foi para Roma e depois para a Arábia, e em 216 para a vizinha Palestina, para onde foi forçado a fugir quando os cristãos foram perseguidos e Alexandria se tornou insegura. Lá, os bispos de Jerusalém e Antióquia o receberam de braços abertos e conseguiram até que fizesse sermões em suas igrejas, apesar de ele ainda não ser ordenado padre, o que desagradou ao bispo de Alexandria quando este tomou conhecimento. Consequentemente, Orígenes foi chamado de volta e recebeu uma severa reprimenda, e daí em diante as relações entre ele e o bispo Demétrio se deterioraram continuamente, até a ruptura final quinze anos depois.

Em uma de suas viagens ao exterior, possivelmente em 230 d.C., Orígenes foi ordenado por um de seus amigos bispos na Palestina. Essa foi a gota d'água para Demétrio, que considerou o assunto uma afronta pessoal e rapidamente reuniu um sínodo que baniu Orígenes de Alexandria. Também instigado pelo bispo, um segundo sínodo o destituiu de seu *status* de presbítero, fabricando como motivos sua automutilação e a propagação de doutrinas subversivas.

Assim, ele se estabeleceu em Cesareia, onde o bispo não se importou com as decisões do sínodo de Alexandria e o ajudou a fundar uma nova escola que se tornou um sucesso imediato, atraindo gente vinda de todo o Oriente Médio.

Mais uma vez, isso não o impediu de continuar suas viagens, e nós o encontramos na Capadócia, depois em Atenas, na Nicomédia e até nos desertos da Arábia, para resolver uma disputa teológica sobre o fim do mundo![121]

As principais realizações literárias de Orígenes foram seu notável comentário sobre o Velho Testamento e seus trabalhos e cartas sobre teologia dogmática.

Somente uma pequena fração deles sobreviveu na versão original, já que muitos foram destruídos por seus detratores e grande parte do restante simplesmente se perdeu, enquanto as traduções romanas eram corrompidas e frequentemente alteradas, e portanto não refletem de fato suas doutrinas. Só uma antologia chamada *Philocalea,* reunida cerca de oitenta anos após sua morte por Basílio, o Grande, bispo de Cesareia, faz justiça às suas doutrinas.

[121] Conhecida como escatologia.

Em sua obra sobre o Antigo Testamento *(Hexapla),* que, aliás, levou cerca de vinte anos para escrever, Orígenes se empenhou exaustivamente em comparar o texto grego, isto é, a Septuaginta, com o original hebraico e, como Filo, produziu uma análise alegórica das Escrituras em geral, salientando seus aspectos históricos e morais.

Felizmente, uma outra obra, talvez não a mais importante, mas aquela pela qual ele é mais conhecido, sobreviveu em sua versão original. Intitulada *Contra Celso,* fornece um retrato detalhado da Igreja durante o século II. Também cita praticamente todo o famoso ataque de Celso contra a doutrina do cristianismo e, paradoxalmente, revela quão próximas eram suas posições filosóficas e teológicas das de Celso, apesar de suas atitudes conflitantes.

Celso parece ter sido um ex-platônico que escreveu uma obra intitulada *O mundo verdadeiro,* na qual denunciava a teologia cristã como uma reabilitação do platonismo e do estoicismo, acrescentado de uma pesada dose de superstição oriental. Mas basicamente ele reprovava o cristianismo por ser um elemento subversivo aos olhos do *establishment* (Roma), ecoando assim a visão de Marco Aurélio, que era o imperador na época, e terminava seu panfleto exortando os cristãos a adotar a debilitada religião estatal. Provavelmente a obra nunca seria comentada se Orígenes não a tivesse usado como plataforma para lançar sua maciça explicação e defesa do cristianismo.

Embora os pontos de vista de Orígenes contrastassem com os dos neoplatônicos e os dos gnósticos cristãos, sua doutrina era influenciada por eles, assim como fora a de Clemente. Também ele era teólogo e filósofo, e foram essas características que conformaram a sua e, em grande parte, a totalidade da teologia subsequente da Igreja.

Uma das formas mais marcadas pelas quais sua influência foi sentida está relacionada ao que foi chamado de quiliasmo ou milenarismo. Este era a crença de que Cristo retomaria para reinar mil anos, uma teoria que Orígenes reduziu a frangalhos embora espiritualizando o dogma da ressurreição da carne.

Muito curiosamente, a teologia de Orígenes era apreciada por muitas das facções existentes dentro da Igreja, e os assuntos que provocaram tantas controvérsias amargas nos séculos IV e V podiam ser encontrados alegremente lado a lado em sua visão do cristianismo. Sua importância advém daí e do fato de que algumas de suas doutrinas abriram caminho para dogmas posteriores.

Inevitavelmente, ele teve sua cota de críticos, que denunciaram alguns de seus conceitos, especialmente aqueles relativos à pré-existência da alma, à ressurreição da carne e à pluralidade do mundo, como sendo muito orientados pelo paganismo. E embora vários teólogos do século IV, como Eusébio de Cesareia, Pânfilo e Atanásio tenham defendido suas opiniões, seus detratores ganharam terreno quando antigos simpatizantes, como São Jerônimo[122] e Teófilo,[123] o Patriarca de Alexandria, mudaram de posição e o fervor furioso de um Epifânio[124] foi desencadeado contra ele.

O golpe derradeiro aconteceu em 553, quando o imperador Justiniano reuniu o Quinto Concílio Ecumênico de Constantinopla para declarar anátemas seus ensinamentos.

[122] De início, era um fervoroso admirador de Orígenes, mas depois mudou de opinião e atacou-o e a João, bispo de Jerusalém, um dos mais dedicados defensores de Orígenes.

[123] Ver p. 181.

[124] Santo Epifânio (315-402 d.C), bispo de Constância (Salamina) em Chipre, provavelmente de origem judia, dedicou-se à propagação do monasticismo e à refutação de heresias, das quais considerava Orígenes um dos principais expoentes.

Porém, se Orígenes foi rejeitado durante a Idade Média bizantina, foi lido apaixonadamente durante a Idade Média italiana, e exerceu considerável influência sobre São Bernardo, o famoso abade de Clairvaux, no século 12. Sobrevieram então quase mil anos de esquecimento no que diz respeito à Igreja, pois ele era considerado mais um filósofo do que um teólogo cristão, até que sua espiritualidade foi, por fim, reabilitada no século 20. Também contribuiu para essa reabilitação a descoberta, em 1941, perto do Cairo, de um documento relatando a discussão mantida por ele na Arábia com o bispo Heréclide sobre como reconverter à ortodoxia o recalcitrante bispo Berilo de Bosra.

Orígenes ganhou fama e honras por ser a principal autoridade sobre o cristianismo em seu tempo. Ele se correspondia com reis e chefes de Estado e foi até convocado para ir a Antióquia, com um escolta bem armada, pela imperatriz viúva Júlia Mameia, que queria se informar sobre o cristianismo.

Mas isso também foi o motivo de sua prisão e tortura durante a perseguição de Décio, com ordens estritas do imperador para que renunciasse à sua fé. Nem é preciso dizer que ele manteve suas convicções e foi finalmente libertado quando o imperador morreu.

Após essa penosa experiência, Orígenes ainda viveu quatro anos, morrendo aos 69 anos em Tiro. Lá, mil anos mais tarde, seu túmulo ainda podia ser visto na catedral original.

# XXIV

## Um século de perseguições

No século III d.C., Alexandria ingressou em um período de cem anos de perseguições, revoltas e massacres que assinalou o fim do centro de cultura original na área do Bruquíon e a emergência da Biblioteca Filha no Serapeum como o bastião do conhecimento na cidade.

Ele começou com as perseguições de 202, nas quais o pai de Orígenes perdeu a vida, e terminou com a de 298, a pior de todas, detonada pela política obstinada do imperador Diocleciano de atormentar os cristãos. E no meio tempo aconteceram: uma revolta seguida de um massacre em 215, a perseguição aos cristãos em 250, batalhas dentro das muralhas da cidade em 265 e 273, seguidas de outra rebelião em 297.

Como vimos, a perseguição de 202 resultou da visita do imperador Sétimo Severo a Alexandria em seu retorno de campanhas no Oriente Médio e de seu edito proibindo a conversão ao cristianismo. Nesse momento, os principais líderes da comunidade cristã suportaram o impacto da perseguição e os alexandrinos como um todo não sofreram muito.

O massacre de 215, porém, foi completamente diferente.

O que aconteceu foi que o filho mais velho de Sétimo Severo, Marco Aurélio Antonino — mais conhecido como Caracala —, que herdara o manto imperial em 211 e assegurou para si o poder indiviso ao assassinar seu irmão e coimperador Geta, calculou que precisava de férias e decidiu passar o inverno em Alexandria. Uma escolha sensata, de alguém que queria um descanso em um ambiente agradável, longe dos rigores da estação fria europeia. Só que os alexandrinos, obstinados mesmo nos melhores tempos, escolheram essa ocasião para organizar uma rebelião, uma mostra de desrespeito que o augusto hóspede não apreciou, e assim ele ordenou prontamente um massacre para dar a eles uma lição.

Dessa vez não foram só alguns infelizes cristãos que perderam a vida, mas homens de todos os credos, em especial os mais jovens. E Caracala, convencido de que a intelectualidade da cidade estava por trás de tudo, retirou o patrocínio imperial ao Museu, confiscou suas receitas, aboliu o direito de alimentação e moradia e expulsou todos os membros estrangeiros.

Foi o primeiro ato de punição contra os intelectuais praticado pelo soberano da cidade desde os remotos dias do "Gorducho",[125] quase quatrocentos anos antes. Contudo, embora as medidas fossem drásticas, não provocaram o fechamento do venerável centro de saber, e depois que a ira do imperador arrefeceu e a cidade curou suas feridas, a vida voltou ao normal mais uma vez, até o surgimento de Décio.

Em seu breve reinado imperial, de 249 a 251, ele conseguiu organizar por todo o império romano aquelas que foram as

[125] Ptolomeu VIII Evergeta II (ver p. 90).

primeiras perseguições sistemáticas contra os cristãos; Orígenes, como vimos, foi uma de suas vítimas.

Quinze anos depois, em 265, irromperam batalhas nas ruas quando o prefeito do Egito[126] desafiou Roma e se apoderou do poder imperial. Uma descarada afronta, à qual o então imperador Galieno reagiu enviando suas tropas, que pilharam e destruíram à vontade.

O mesmo cenário se repetiu em 272, quando o sucessor de Galieno, Aurélio, teve de atacar Alexandria para retomá-la da ambiciosa rainha de Palmira, que tentara anexar o país para si própria, sob o pretexto de restaurar a soberania romana sobre o Egito depois que outro aventureiro — dessa vez um comerciante milionário de Esmirna chamado Firmo — havia se autoproclamado imperador.

Uma mulher notável, a rainha Zenóbia. Foi uma das heroínas da Antiguidade e, por um breve período — de 266 a 272 d.C. —, senhora da mais poderosa cidade-estado do Oriente Médio.

Nascida Sétima Batzabai, filha de um pequeno príncipe mesopotâmico, casou-se com Odenato de Palmira, o homem que se transformara no governante virtual da parte oriental do império romano e que, por sua lealdade a Roma, fora recompensado por Galieno com o prestigioso título de *Dux Orientis* (Duque do Oriente).

Diferentemente da maioria das consortes dos potentados orientais, Zenóbia participou ativamente das proezas políticas e militares do marido, até mesmo acompanhando-o nas batalhas em suas inumeráveis campanhas contra os persas. Quando Odenato

[126] Emiliano, que assumiu o nome de Alexandrino e foi proclamado imperador por suas tropas em Alexandria, governou somente alguns meses.

foi assassinado em 267, deixando como herdeiro seu filho ainda menino, Zenóbia não hesitou em assumir o poder, proclamando-se rainha do Oriente, e continuou a política do marido de conquista territorial sempre que a ocasião se apresentasse.

Corajosa como um árabe, ela própria arengava suas tropas ao liderá-las em batalha, montando seu cavalo, com os braços nus e usando capacete como a deusa Minerva. Infelizmente, não se conhece nenhum retrato seu e assim não se sabe se também era bela, mas parece que era muito feminina apesar de sua aparente beligerância, com uma paixão não tingida pelo luxo, como a opulência de sua corte reflete. Era também uma intelectual, fluente em sírio, latim, grego e egípcio, que se destacou por atrair para sua capital os principais homens de ciência e de letras.

Na verdade, durante seus anos no poder, Palmira atingiu o zênite de sua influência e esplendor, ultrapassando até mesmo Alexandria por causa da beleza pura de seus monumentos em mármore adornados de ouro e pórfiro, e de uma generosidade raramente repetida desde então. Nesse refúgio humanista, nenhum judeu ou cristão seria perseguido.

Mas Zenóbia era também uma mulher muito ambiciosa, e ser a rainha-mãe de apenas uma parte do Oriente Médio, mesmo que ela tivesse se tornado o ponto central, não era o que calculava que o destino lhe reservava. Talvez se visse como a reencarnação de Cleópatra, que tinha governado um império que se estendia do Eufrates ao Nilo, e decidisse que também tinha direito à terra dos faraós. De qualquer modo, esperou até que estivesse pronta para dar o bote e, sob o pretexto de livrar o Egito do usurpador Firmo, marchou sobre Alexandria.

Assim a infeliz população sentiu novamente o gosto das batalhas e da violência nas ruas que vivenciara sete anos antes. Então, mal isso havia acabado, com considerável dano aos prédios e monumentos, Aurélio se deu conta de que Zenóbia havia jogado sujo com ele e não tinha a menor intenção de devolver-lhe o Egito.

Compreensivelmente, ele não aceitou calado essa traição e enviou seus exércitos para reconquistar o país. Resultado: mais lutas, massacre e destruição num período de poucos meses.

De certo modo, foi uma pena que Zenóbia perdesse a batalha, pois com certeza ela faria muito por Alexandria, especialmente no aspecto cultural, e talvez a revolta que aconteceu vinte anos mais tarde, tão brutalmente reprimida por Diocleciano, não tivesse ocorrido.

Apenas para registro, a autodenominada rainha do Oriente não terminou seus dias em prisão nem teve de cometer suicídio como Cleópatra. A destemida guerreira transformou-se em uma mestra da intriga depois de participar do desfile de prisioneiros em Roma, coberta de joias, porém acorrentada, e negociou a vida de seus aliados mais próximos em troca de uma viuvez de matrona vivida em Tivoli.[127]

Poucos meses depois de sua queda, Palmira se rebelou contra os romanos. Dessa vez, Aureliano não tomou meias medidas e ordenou que a cidade fosse inteiramente destruída.

Vinte e cinco anos mais tarde, quando os alexandrinos revoltaram-se novamente, o então imperador Diocleciano não hesitou e assumiu pessoalmente o comando, com uma repressão quase mais sangrenta que a de Caracala. Homens de todas as condições e credos, inclusive intelectuais importantes, foram brutalmente

[127] O elegante balneário nas colinas a leste de Roma.

assassinados, e os cristãos sofreram uma das perseguições mais obstinadas de sua história. Ao mesmo tempo, um grande número de livros, especialmente aqueles relacionados a religião, medicina esotérica ou alquimia foram queimados.

Foi um dia negro para a cultura alexandrina em geral, pois também marcou a devastação e o abandono parcial do Bruquíon. O Museu ainda claudicaria por mais algumas décadas, mas a maioria dos estudiosos se retirou para a segurança do Serapeum, onde conseguiam conduzir seus trabalhos, relativamente sem ser molestados, até a virada do século seguinte.

Paradoxalmente, Diocleciano resolveu mandar erigir, bem ao lado do Serapeum, uma coluna da vitória — erroneamente conhecida pela posteridade como "Coluna de Pompeu" — para comemorar o esmagamento da rebelião. Essa coluna constitui hoje o único monumento que indica a localização de um dos maiores centros de sabedoria da Antiguidade.

**Ruína da Coluna de Pompeu, atualmente o único monumento ainda de pé que indica a localização do Serapeum, um dos maiores centros do saber em Alexandria.**

# XXV

## E os santos...

A vaga de perseguições que se abateu sobre a comunidade cristã de Alexandria causou o surgimento do maior santo da cidade, cujo destino envolveu também membros do Museu e da Biblioteca.

A vida e o martírio de Santa Catarina de Alexandria são envoltos em mito, por isso é difícil separar fatos e ficção, mas sua história é contada, como se segue, em documentos escritos quatrocentos anos depois de sua morte: em algum momento durante os seis anos em que Maximiano foi imperador romano (308-314 d.C.), esse antigo camponês da Ilíria que galgara vários postos e se tornara primeiro governador do Egito e da Síria, e depois governante supremo das províncias do império asiático, decidiu passar alguns meses com sua corte em Alexandria.

Durante sua estada, provavelmente por ocasião de alguma festa pagã, ordenou que toda a população sacrificasse touros e pássaros aos deuses romanos em um dos principais templos. Isso, obviamente, não foi aceito pelos judeus e cristãos, que protestaram violentamente, e a mais voluntariosa das dissidentes era uma adolescente de uma das melhores famílias cristãs de Alexandria, chamada Catarina.

Acompanhada por uma comitiva de criados, ela adentrou o templo e depois de incitar a multidão à desobediência dirigiu-se ao imperador e exclamou: "Por que queres arruinar essas pessoas com a adoração de falsos deuses? Aprende a conhecer o verdadeiro Deus, criador do mundo e de seu único filho, Jesus Cristo, que, com a Cruz, liberou a humanidade do inferno".

Palavras fortes de uma jovem, que não interromperam o sacrifício religioso, mas despertaram a curiosidade de Maximiano, que mandou trazê-la ao palácio e tentou convencê-la a aceitar e respeitar suas ordens.

Não obtendo sucesso, convocou os reitores e filósofos da universidade para chamá-la à razão, mas também eles não tiveram êxito. Pior ainda, ela converteu a maioria deles, que foram imediatamente mortos na fogueira.

Totalmente desorientado, o imperador tentou suborná-la com ofertas de riqueza e até mesmo de casamento, e quando Catarina as recusou, ele a enviou ao calabouço esperando que isso finalmente a forçasse à submissão. Mas de nada adiantou. A tradição diz que enquanto estava presa, ela era alimentada por uma pomba e visitada por Jesus e pelos anjos.

Quem Catarina recebeu em pessoa, aparentemente, foi a imperatriz e um alto dignitário chamado Porfírio, que sucumbiram a seu encanto. Assim, Porfírio se converteu também, com um séquito de guardas. Furioso, Maximiano ordenou que ela fosse torturada na roda. Mas novamente foi frustrado, pois assim que Catarina tocou na roda, esta estilhaçou-se e as lascas flecharam os soldados pagãos que estavam ao redor.

Nesse momento, a imperatriz, também convertida, tentou intervir em nome da santa. Louco de raiva, seu marido imediatamente a condenou à morte por decapitação, depois de mandar arrancar seus seios. O mesmo destino caberia a Catarina; porém, ao ser conduzida ao martírio, Deus apareceu sob a forma de uma nuvem branca, e quando ela morreu, escorreu de suas veias leite e não sangue. Então anjos transportaram seu corpo para um sepulcro especialmente preparado no Monte Sinai.

O que parece ter ocorrido de fato, ao contrário do que diz a lenda, foi que uma jovem muito inteligente e devota, de uma das principais famílias de Alexandria, estava tão imbuída da fé cristã que teve a audácia de desafiar um imperador pagão, converter sua esposa e membros da corte ao cristianismo e levar a melhor sobre alguns dos mais importantes filósofos em matéria de teologia.

Por causa disso, foi brutalmente martirizada.

Ela foi de fato enterrada no Sinai, mas provavelmente muito depois, na época da invasão árabe. O famoso Monastério de Santa

**A fervorosa jovem Catarina (ao centro), tornou-se santa após ter sido brutalmente martirizada ao desafiar as ordens de um imperador pagão do século IV.**

Catarina só foi construído em 560, por Justiniano, o Grande, no vale ao pé do Monte Sinai, e é muito improvável que ela tenha sido sepultada no deserto árido antes da existência do monastério. O mais provável é que tenha sido enterrada secretamente em um dos cemitérios cristãos de Alexandria, e somente quando o Islã assumiu o controle da cidade, em 642, e ela deixou de ser um baluarte da Igreja, seus restos tenham sido levados ao monastério construído em sua homenagem no Monte Sinai. Isso explicaria por que sua história não se espalhou rapidamente por toda a cristandade, e por que vários séculos se passaram até que seu culto chegasse à Europa ocidental.

Santa Catarina se tornaria muito popular na França na Idade Média, quando sua festa, celebrada em 25 de novembro, era feriado oficial até o século 17. Com uma roda como seu símbolo, era a santa padroeira dos artesãos e mecânicos de rodas, mas também das freiras e das jovens solteiras — especialmente as costureiras e chapeleiras —, e era por isso que era comum chamar de *catarinetes* as jovens ainda solteiras aos 25 anos. Isso provavelmente se devia ao mito de que tendo recusado uma horda de pretendentes, Catarina foi levada aos Céus pela Virgem Maria e tornou-se noiva de Cristo.

A lenda de Santa Catarina é interessante porque diz respeito a uma mulher em um momento em que a religião e a teologia eram um domínio quase totalmente masculino na Alexandria do século IV. Mas também reflete, ainda que de forma invertida, a história de outra inteligente mulher alexandrina,* que seria martirizada mais ou menos um século depois, mas dessa vez pelos cristãos e não em favor do cristianismo.

* O autor se refere a Hipácia, cujas referências encontram-se no capítulo XXIX (p. 186). (N. do T.)

## *Santo Antônio*

Outro santo egípcio que se tornaria extremamente popular na Europa foi Santo Antônio.

Nascido em Qeman, uma pequena cidade na região de Fayum, cerca de cem quilômetros ao sul do Cairo, tinha cerca de sessenta anos quando Santa Catarina morreu e de fato esteve em Alexandria durante a perseguição de Maximiano, tentando ajudar como podia a comunidade cristã.

Aos dezoito anos ficou órfão de pai e mãe — cristãos abastados — e decidiu tornar-se eremita. Assim, colocou sua irmã em um convento para meninas, distribuiu sua riqueza e foi viver primeiro em um túmulo abandonado e depois em um castelo em ruínas, em uma colina na outra margem do Nilo,[128] que seria seu refúgio nos vinte anos seguintes. Com o crescente número de visitantes, especialmente aqueles que queriam seguir seu exemplo, Santo Antônio, por volta de 305 d.C., decidiu construir um lugar para eles e fundou o primeiro centro de vida monástica cristã.

Mas embora se tornasse seu líder e pai espiritual, não permaneceu com eles. Em vez disso, encontrou outro local isolado em uma colina,[129] perto do Mar Vermelho, a três dias de caminhada, onde podia novamente levar sua vida de eremita, retomando esporadicamente ao monastério.

Em breve, porém, mesmo esse segundo refúgio foi descoberto e também transformado em monastério.

[128] O local era chamado Pispir, hoje Der el Meum, do lado oposto a Arsinoé na província de Fayum.

[129] Um monastério que leva seu nome, Der Mar Antonius, agora assinala o local.

Em 335, com bem mais de oitenta anos, ele retornou a Alexandria a pedido do bispo Atanásio[130] para ajudá-lo no combate à doutrina herética ariana (como veremos a seguir), e aparentemente fez muito para trazer um bando de "ovelhas desgarradas" de volta ao seio da ortodoxia. Depois disso, retornou à sua ermida no Mar Vermelho e viveu ainda por uns bons vinte anos, de acordo com a tradição, até morrer em 17 de janeiro, com mais de cem anos.

Quando seu túmulo foi descoberto em 565, seus restos mortais foram levados para Alexandria, mas esse não seria seu local de repouso final. Em 635, seus restos foram levados para Constantinopla, e depois, no século X, para Saint Didier de La Motte, na França, até terminar em Saint Julien d'Arles, em 1495.

**Santo Antônio, santo egípcio muito popular na Europa, fundou o primeiro monastério cristão e ficou conhecido por suas traumáticas lutas contra o demônio.**

130 Santo e bispo de Alexandria (298-373 d.C.), conhecido como Atanásio, o Grande, o primeiro fomentador da vida monástica e o mais influente dos primeiros padres da Igreja.

Ele não escreveu as regras da ordem que leva seu nome; na verdade, os monges dos dois monastérios não seguiam regras específicas. Essas foram formuladas a partir de seus escritos quando a ordem foi fundada em 1095.

Santo Antônio é mais conhecido por suas lutas contra o demônio, algumas das quais foram tão traumáticas, de acordo com Atanásio, que o deixaram praticamente morto. E as tentações a que foi submetido aparentemente também não foram brincadeiras de criança e se tornaram assunto favorito para pintores como Bosch, Bruegel, Teniers, Filippo Lippi, Pisanello e Grünewald. Talvez por ter vivido tanto tempo, era quase sempre retratado como um homem velho com uma longa barba branca e um bastão de eremita.

Embora sua fama de santidade se espalhasse rapidamente, como a de Santa Catarina, ele não foi muito popular na Europa até a Idade Média, quando se tornou o santo a quem o povo rezava durante as epidemias, especialmente se quisesse se proteger do chamado "Fogo de Santo Antônio".[131]

## *São Pacômio*

Se Santo Antônio é considerado o pai do monasticismo cristão, outro santo egípcio também pode ser considerado fundador da vida cenobítica cristã.

São Pacômio (c. 292-346 d.C.) nasceu filho de pais pagãos em Esna,[132] no Alto Egito. Depois de servir como recruta em uma das campanhas do imperador Constantino, converteu-se

[131] O termo médico é erisipela, uma dolorosa doença infecciosa da pele caracterizada por inflamação e febre.

[132] Uma pequena cidade 50 km ao sul de Luxor.

ao cristianismo ao voltar para casa e foi viver como eremita em Dendera,[133] sob a orientação espiritual de um velho eremita, que provavelmente conhecera Santo Antônio e fora por ele influenciado. Depois de alguns anos, porém, segundo a tradição, ele foi chamado por um anjo para fundar o monastério dos cenobitas em Tabenisi, perto de Dendera, e passou o resto da vida dirigindo a ordem que criara — e que na época de sua morte compreendia cerca de 3 mil monges, bem como um convento de freiras —, chamada Ordem de Tabenesiot, em referência ao local de seu primeiro monastério.

São Pacômio era muito amigo do bispo Atanásio e um dos maiores santos coptas egípcios. Mas sua fama e sua popularidade não se espalharam pela Europa, possivelmente porque passou toda sua vida monástica no Alto Egito, uns bons 800 quilômetros ao sul de Alexandria, e não participou ativamente dos acontecimentos que estavam dando forma e estilhaçando o mundo cristão do século IV. Porém, dado que criou a primeira ordem monástica organizada, certamente contribuiu, embora indiretamente, para a difusão da vida monástica na Europa nos séculos vindouros.

[133] Famoso por seu templo ptolemaico à deusa Hátor.

# XXVI

## O último dos matemáticos

Por causa das perseguições, muitos dos principais intelectuais de Alexandria trocaram-na por locais mais acolhedores, e embora a Biblioteca continuasse sendo o ponto de encontro de gurus da cultura, os séculos III e IV foram de relativa estagnação no que diz respeito à literatura e à ciência.

De qualquer forma, só no campo da matemática três figuras se destacam: Papo, Diofanto e Teão.

Papo de Alexandria, que aparentemente viveu no final do século III, era um dos principais geômetras da cidade. É conhecido por uma obra chamada *Coleção,* inestimável para estudiosos posteriores porque seus oito livros[134] continham um relato sistemático de todos os resultados importantes alcançados em matemática e geometria por homens como Euclides, Arquimedes, Apolônio de Perga, Diodoro[135] e assim por diante. Nela, não somente explicou as teorias de seus ilustres antecessores, mas, em um ou dois casos, até mesmo as expandiu.

[134] Infelizmente de forma incompleta, dado que o primeiro livro se perdeu e o resto se desgastou muito com o tempo.

[135] Diodoro Crono, aluno de Apolônio.

Para a posteridade, ele é o primeiro matemático a ter apresentado uma definição do centro de gravidade.[136] Havia também o que ficou conhecido como o problema de Papo, que constitui a base de uma obra chamada *Geometria,* de René Descartes, o filósofo e homem de ciência francês do século 17.

Devido à letargia em que a cultura afundara de modo geral em Alexandria, os contemporâneos, à exceção de Teão, não apreciavam o trabalho de Papo. Assim, quase nada foi escrito sobre ele, quer por seus colegas matemáticos, quer por filósofos e cientistas gregos da época. Como resultado, sabe-se muito pouco sobre sua vida pessoal, nem mesmo as datas exatas de seu nascimento e morte; só se sabe que viveu e ensinou em Alexandria.

O mesmo problema existe com o algebrista Diofanto, cuja fama deriva de uma obra chamada *Aritmética,* que consistia em treze livros, dos quais mais da metade se perdeu. Foi em sua homenagem que as chamadas *Equações diofânticas* foram denominadas, e para aqueles que não sabem, elas se referem a um ramo da teoria dos números que trata de certas equações algébricas bombásticas complicadas demais para serem explicadas aqui.*

Sua obra, aliás, foi assunto de um comentário de Hipácia, a brilhante filha de Teão.

Felizmente, no caso de Teão, temos coisas mais concretas, pois ele se deleita não só com sua própria glória como o principal matemático e astrônomo de seu tempo, mas também com a de sua notável filha.

[136] A primeira e única definição conhecida de autoria de um estudioso da Antiguidade.

* As equações diofânticas são equações indeterminadas, isto é, que aceitam múltiplas soluções, como, por exemplo, dar o troco de R$ 1,00 com moedas de valores diferentes, tais como 50, 25, 10,5 e 1 centavos. (N. do T.)

Sua contribuição para a ciência e a matemática foram seus detalhados comentários sobre o *Almagesto*, de Ptolomeu, e *Elementos* e *Ótica*, de Euclides, e suas próprias descobertas sobre a reflexão da luz, que expôs em uma obra chamada *Catoptics*, baseada principalmente nas descobertas de Arquimedes nesse campo.

Com suas observações sobre os eclipses solares e lunares em 365, Teão encerrou o capítulo dos observadores de estrelas alexandrinos, e depois disso pouca coisa foi registrada até que os matemáticos árabes entrassem em campo mais de três séculos depois.

Mas talvez seu maior feito tenha sido a educação da filha. Em consequência dela, a cultura alexandrina, que na época dava seus últimos suspiros, foi capaz de respirar um pouco mais graças à liderança de Hipácia.

Do lado literário, o único nome que vale a pena citar é o de um gramático grego do século IV, chamado Horapolo, que escreveu uma história de Alexandria, os inevitáveis comentários sobre Sófocles[137] e Homero,[138] e uma obra sobre lugares consagrados. Não se sabe ao certo se ele realmente fez parte da intelectualidade da cidade, embora Fócio, um patriarca de Constantinopla do século IX que elaborou uma lista de quase todos os autores clássicos notáveis, sustentasse que ele era também dramaturgo, embora nenhuma de suas peças seja conhecida. Porém, existem dois livros sobre hieróglifos atribuídos a ele, o que pelo menos mostra que essa forma de escrita ainda era usada em sua época.

[137] Poeta trágico grego, 495-406 a.C.

[138] Segundo o historiador Heródoto (484-425 a.C.), Homero nascera por volta de 830 a.C., enquanto Aristarco de Samotrácia, o gramático (220-143 d.C.), sustentava que o nascimento se dera em 1044 a.C.

E isso é o suficiente no que diz respeito aos aspectos literários e científicos da cultura alexandrina. Os verdadeiros protagonistas eram agora os filósofos, bispos e presbíteros locais da Igreja. E seriam suas disputas e suas lutas intestinas, tão perversas quanto as perseguições, que marcariam o século vindouro.

# XXVII

## A controvérsia ariana

O que seria o primeiro cisma importante da Igreja começou quando um diácono de meia-idade, chamado Ário, começou a pregar que Cristo tinha duas naturezas — uma divina e outra humana —, e não "uma natureza com Deus", como era proclamado pela Igreja Ortodoxa.

A controvérsia que se seguiu foi muito mais que uma disputa teológica local, alexandrina, e causou um tumulto internacional porque se tornou um assunto de Estado que envolveu o imperador Constantino e vários de seus sucessores, com profundas repercussões religiosas e políticas durante séculos.

Como de costume, existem relatos conflitantes sobre as origens de Ário. Alguns dizem que era egípcio, outros que vinha da Cirenaica, onde nascera em 260, ou foi em 270? Há também diferentes descrições sobre seu caráter e sua aparência.

Segundo Eusébio, bispo de Nicomédia,[139] ele era alto, cortês, brilhante, com vasta erudição, mas modesto, e se vestia

[139] A atual Ismid, na Turquia. Fundada em 264 a.C., Diocleciano transformou-a na principal cidade do Império do Oriente.

normalmente, com uma túnica sem mangas sob um casaco reto, como um monge. Mas os outros, principalmente seus detratores, descreveram-no como estreito, vingativo, inescrupuloso, vergonhosamente ambicioso e feio de doer.

O que sabemos com certeza é que começou sua vida religiosa como seguidor de Melécio, bispo de Licópolis, no Alto Egito, que já havia sido responsável por um cisma na igreja egípcia ao fundar a seita da "Igreja dos Mártires" perto de Luxor. Assim, Ário teria tido boa experiência na arte da polêmica antes de começar sua própria controvérsia.

Quanto à ideia de Cristo possuir duas naturezas, não foi algo que Ário imaginou por si só. Ele a recebeu de um presbítero chamado Lucano em Antióquia,[140] onde recebera sua educação teológica. E Lucano, um renomado estudioso bíblico, havia sido um seguidor de Paulo de Samósata, bispo de Antióquia, excomungado em 269 por pregar que "um Deus não podia aparecer substancialmente na Terra e portanto não poderia ter se tornado homem em Jesus, mas havia preenchido o homem Jesus com Seu Logos ou poder".

Lucano foi ainda mais longe ao insistir que o Logos se tornara homem em Cristo, mas como uma segunda essência, uma espécie de princípio divino criado por Deus antes que o mundo existisse e que era o elemento intelectual ou espiritual no corpo. Assim, seu Cristo não era nem o Homem perfeito, pois tinha a essência divina nele, nem o Deus perfeito, pois era um ser criado. Ário adotou e desenvolveu essa ideia.

Ele elaborou seu ponto de vista em duas cartas, uma para Eusébio de Nicomédia e outra para seu superior imediato,

140 Antióquia, no sul da Turquia. Local da antiga Pisídia, na Ásia Menor.

Alexandre, bispo de Alexandria, e também um poema, do qual só restaram alguns fragmentos. Curiosamente, por esses escritos, parece que seu objetivo principal não era estabelecer a natureza dual de Cristo e sim a "unicidade" de Deus.

No entanto, ao insistir que Jesus era um Ser criado, ainda que especial, e formado pelo Pai a partir do nada, Ário transformou Cristo em uma espécie de semideus em um sistema monoteísta não muito diferente daquele dos neoplatônicos ou de outros teósofos pagãos.

Em consequência, ele foi imediatamente excomungado pelo bispo de Alexandria.

Mas Ário não era homem de se entregar sem lutar e apelou a seus amigos para defender sua causa. O principal dentre eles era Eusébio de Nicomédia, muito estimado pelo imperador Constantino e por sua esposa, além de um pequeno grupo de bispos orientais que haviam sido educados por Lucano.

No campo oposto, encontravam-se o bispo Alexandre e o segundo colocado na sede episcopal alexandrina, Atanásio, além da maioria dos clérigos que buscava a orientação teológica de Roma e não a de Constantinopla.

**O imperador Constantino convocou o célebre Concílio de Niceia para solucionar a polêmica gerada pelos escritos de Ário sobre a natureza dual de Cristo.**

A confusão sobre tudo isso chegou a tal ponto que Constantino foi obrigado a convocar um concílio ecumênico para decidir a questão, o qual aconteceu em Niceia, na Ásia Menor, o primeiro concílio oficial da Igreja Cristã e um dos mais importantes em sua história.

Ele durou dois meses, de 20 de maio a 25 de julho de 325 d.C., longo o bastante para que acontecesse todo tipo de vira-casaca e mudança de campo — sendo o exemplo mais notável o de Eusébio de Cesareia, que, ao abandonar uma atitude conciliatória, provocou a derrota da facção ariana.

Finalmente o Concílio decretou que "o Filho era da mesma substância do Pai" e que todo pensamento sobre Ele como ser "criado" ou de qualquer maneira "subordinado" era totalmente rejeitado e excluído.

Mas isso não significou que o assunto estivesse encerrado ou que Ário e seus amigos se curvassem diante do veredito do Concílio. Graças a outro Eusébio, bispo de Nicomédia, que batizaria Constantino em seu leito de morte, o edito contra o arianismo não foi aplicado, e as disputas e as acusações maliciosas persistiram por mais cinquenta anos, dividindo a Igreja, até que Teodósio, o Grande convocou um enésimo concílio em Constantinopla em 381, que expulsou a "heresia" da Igreja oficial de uma vez por todas.

Nesse ínterim, Ário morrera de um ataque cardíaco em 336, enquanto caminhava em Constantinopla imediatamente após o Concílio de Niceia, e seus seguidores tornaram-se conhecidos como os semiarianos. Esses então se dividiram em três grupos confusamente chamados de Anomoii, Homoii e Homoiousianos. O primeiro grupo seguia estritamente a alegação de Ário, segundo a qual o Filho não era como o Pai; o segundo grupo ficou em cima do muro, dizendo que havia alguma forma de semelhança, enquanto o terceiro, com um pé na soleira da ortodoxia, avaliava que podia aceitar o decreto do Concílio sob a solução conciliatória de "semelhança de natureza". Foram esses os que subsequentemente se juntaram ao bando de Atanásio e assinaram a sentença de morte dos intransigentes arianos e dos semiarianos.

O arianismo não foi a única disputa doutrinal que abalou a antiga igreja cristã. Um século antes, um presbítero líbio, chamado Sabélio, sustentara que o Pai, o Filho e o Espírito Santo eram um e o mesmo, mas com a diferença de que agiam em três energias diferentes em momentos diferentes, como Legislador, Redentor e Doador da Vida. Essa era uma fórmula que se baseava tanto na filosofia estoica como nas Escrituras, e preparou o caminho para a doutrina da Trindade de Santo Agostinho. Mas para o papa da época, um certo Calixto, isso cheirava a heresia, e portanto Sabélio foi excomungado.

Depois, no século V, apareceu a controvérsia nestoriana sobre o culto de Maria como Mãe de Deus. Começou pelos bispos de Edessa e Nísisbis, respectivamente na Síria e na Pérsia, e foi levada a um ponto crucial por Nestório, um bispo de Constantinopla fanático, também conhecido como "o Incendiário" por ter ordenado que os locais de reunião dos arianos fossem completamente queimados.

"Não permitam que ninguém chame Maria de Mãe de Deus", trovejou ele, "pois Maria era um ser humano, e é impossível Deus ter nascido de um ser humano".

Isso provocou uma reação imediata de Cirilo de Alexandria, um feroz adversário dos arianos que também defendia o culto mariano. Mas em vez de atacá-lo, Cirilo não perdeu tempo em envolver o papa Celestino I e a esposa e a irmã do imperador na briga, e conseguiu aprovar o título mariano e desacreditar Nestório em um sínodo especialmente convocado.

O grande problema era que essas lutas teológicas não se restringiam a uma diocese ou a um país específico. Elas envolveram quase todos os patriarcas da igreja cristã, assim como uma série de imperadores, cada um deles passando a batata quente de um concílio a outro, excomungando e depois reintegrando bispos e presbíteros, muitas vezes por motivos pessoais ou políticos que pouco tinham a ver com religião. E, embora os instigadores fossem autoridades eclesiásticas de elevados princípios morais e tenham até sido canonizados mais tarde, como ocorreu com Cirilo — bispo de Alexandria —, por meio de seu fanatismo foram largamente responsáveis pela extinção da Escola de Pensamento Alexandrino.

Dois deles, em especial, podem ser acusados: Teófilo e Cirilo, os patriarcas sucessivos de Alexandria de 385 a 444 e, para completar, tio e sobrinho.

# XXVIII

## O saque do Serapeum

Em 385 d.C., o ambicioso e fanático bispo Teófilo tornou--se patriarca de Alexandria. Isso aconteceu durante o reinado de Teodósio, o imperador que lançou um ataque generalizado contra o paganismo por todo o império, que culminou em um edito em 391 sancionando a destruição de todos os locais de culto não cristãos.

Imediatamente, Teófilo, apoiado por tropas imperiais, levou uma multidão de cristãos exaltados ao Serapeum e desferiu pessoalmente o primeiro golpe na estátua de Serápis.

Seus seguidores entenderam isso como um sinal para saquear e destruir tudo que estivesse ao alcance da mão e não se limitaram ao templo. Prosseguiram com a destruição também da Biblioteca Filha, que havia sido o cerne da sabedoria alexandrina por uns bons quatro séculos.

O que restou do templo de Serápis foi então consagrado como uma igreja, enquanto a Biblioteca praticamente cessou de existir como centro de estudo.

Podemos apenas imaginar quantos de seus preciosos manuscritos foram salvos, mas provavelmente um grande número dos mais importantes códices foi ocultado em esconderijos por toda a cidade, ou levado para lugares seguros em outras partes do Egito.

Infelizmente, a Biblioteca de Alexandria não foi a única a sofrer durante a última parte do século IV. Em 364, o imperador Joviano, durante seu reinado de nove meses, encontrou tempo para incendiar a de Antióquia, enquanto em Roma uma série de bibliotecas particulares e públicas foram fechadas por instigação da Igreja, tão raivoso era o ódio de alguns de seus líderes por qualquer tipo de conhecimento que não fosse adquirido diretamente da Bíblia.

Os ataques de Teófilo aos templos se acalmaram depois do ataque ao Serapeum, e uma paz constrangedora reinou na cidade por uns vinte anos entre os clérigos e os acadêmicos, cada qual vigiando o outro, enquanto o bispo embarcava em uma fúria de construção de igrejas e maquinações internacionais.

Finalmente, porém, sua sede de poder lhe causou sérios problemas.

Depois de presidir um concílio em Constantinopla reunido expressamente para banir São João Crisóstomo de Antióquia[141] por sustentar algumas das ideias de Orígenes, ele próprio foi excomungado pelo papa Inocente I.

Teófilo morreu em 412 e foi sucedido, como já mencionamos, por seu sobrinho, bispo Cirilo.

Em 1944, no aniversário de 1500 anos da morte de São Cirilo, o Papa Pio XII homenageou sua memória com uma encíclica intitulada *Orientalis ecclesiae,* já que ele entrou para os registros da Igreja como um dos mais assíduos propagadores das antigas doutrinas cristãs ortodoxas.

141 Um dos mais famosos padres gregos (345-407 d.C), foi nomeado bispo de Constantinopla em 398. Em 403, foi deposto pelo concílio, mas foi chamado de volta pela imperatriz Eudóxia, só para, em 404, ser deposto novamente e exilado no Monte Tauro.

Mas ele também pode ser lembrado como o homem da igreja que incitou uma multidão de cristãos a cometer um assassinato particularmente chocante. E chocante não só por sua brutalidade e pelas circunstâncias envolvidas, mas também pelos motivos que levaram a ele.

Se fosse o caso de se livrar de um perigoso fora da lei ou de um criminoso, seria possível perdoá-lo ou pelo menos tolerar o que Cirilo fez. Mas parece que ele era movido mais por despeito e intolerância temperada com uma dose maciça de inveja não cristã do que por qualquer tipo de justiça.

Todos sabiam em Alexandria que o bispo Cirilo tinha desavenças com Orestes, o prefeito da cidade, que era um admirador e amigo íntimo de Hipácia, a fascinante líder dos neoplatônicos e principal intelectual da época. E que também tinha ciúme de sua popularidade e seu controle sobre as multidões, e estava convencido de que ela era responsável pelo antagonismo de Orestes em relação a ele.

O ódio de Cirilo se revelou em um dia da primavera de 415, quando ele incitou uma turba de criminosos cristãos contra ela e presenciou seu assassinato de uma maneira especialmente asquerosa. Possivelmente, ele não esperava nem desejava a morte dela, mas sua eliminação ajudou a consolidar a posição de Cirilo como líder religioso e secular da cidade.

Graças a ele, até a conquista árabe do Egito, 250 anos depois, a Igreja governou Alexandria, proibindo qualquer referência ao saber pagão, presente ou passado, seguindo à risca o que era declarado em um documento chamado a Constituição Apostólica, que dizia mais ou menos: "Você quer história?"

Existe o livro dos Reis. Eloquência? Estude o Livro dos Profetas. Canções? Leia os Salmos. Lei, ética ou cosmologia?

Nada melhor que a gloriosa lei de Deus". Em outras palavras: "A Bíblia tem tudo e não se atreva a procurar em outro lugar".

Toda instrução estava agora centrada na Escola Catequética e se baseava inteiramente nos ensinamentos cristãos, enquanto qualquer coisa que tivesse relação com o Museu e as duas Bibliotecas desapareceu em um buraco negro de intolerância para nunca mais ser mencionado.

Porém, para fazer justiça a Cirilo, é preciso dizer que ele e seus sucessores tornaram Alexandria conhecida novamente como um centro de cultura, ainda que somente religiosa, que atraía bandos de estudiosos de todos os cantos da cristandade. Nenhum deles exerceu impacto suficiente para ser registrado como tendo influenciado o pensamento europeu, mas mesmo assim dois deles são dignos de menção.

São Jerônimo, que produziu a Vulgata, a versão latina da Bíblia, e Johannes Philoponus, que, por volta de 540, escreveu contra o credo nestoriano, mas também produziu uma biografia de Aristóteles e várias obras sobre filosofia em geral.

Um efeito de longo alcance das ações do bispo Cirilo, embora não intencional, foi a mudança de nome de Canopo.

Esse subúrbio da capital ptolemaica do Egito existia mesmo antes de Alexandria e, de acordo com um mito grego, ganhara seu nome do piloto de um dos barcos de Menelau[142] que, depois de ser picado por uma serpente ao descer à Terra, foi recompensado tornando-se deus titular do lugar. Outra lenda afirma que Canopo era um antigo deus egípcio com corpo em forma de jarro, daí o

[142] Ver p. 13, nota 6.

nome dado aos jarros contendo os órgãos internos das múmias que eram frequentemente encontrados nos túmulos.

Situada no braço mais ocidental do Nilo, fora o principal porto para o comércio grego até que Alexandria a eclipsou e a englobou, transformando-a em uma periferia elegante e um centro religioso com um enorme templo a Serápis.

Para não ser superado por seu tio Teófilo, que destruíra o Serapeum de Alexandria, Cirilo seguiu o exemplo de Canopo. E talvez tivesse razão, pois o lugar adquirira uma péssima reputação como centro de devassidão durante a época romana.

Em seu lugar, ele construiu uma igreja na qual colocou as relíquias de dois mártires coptas — São Ciro e São João. Nada mais aconteceu durante mais ou menos um século, porém um pouco antes da invasão árabe ocorreu uma série de milagres, e assim os moradores locais passaram a chamá-lo Abu Kir (Padre Ciro), e João, de certo modo, foi deixado de lado. Assim era chamado quando aconteceu a famosa batalha em 1798, e assim ficou conhecido desde então.

# ~ XXIX ~

## Hipácia

Quem exatamente era essa mulher martirizada por uma turba cristã?

A principal filósofa de sua época, uma matemática e astrônoma de primeira grandeza, provavelmente a maior intelectual mulher da Antiguidade, Hipácia (370-415 d.C.) foi uma das principais figuras da cultura alexandrina. Também uma beldade encantadora, ela era feita da matéria com que os mitos são moldados, e no entanto também era bem mortal, como seu trágico fim demonstrou.

Ela nasceu em Alexandria em 370 e, como vimos, era filha de Teão, um dos pilares da ciência do século IV. Assim, foi criada na atmosfera refinada do centro de estudos da cidade, e obviamente recebeu a melhor educação disponível, incentivada por seu pai especialmente em seus estudos de matemática e astronomia.

Então, quando o Serapeum foi devastado pelo bispo Teófilo e o lugar se tornou perigoso demais para estudiosos não cristãos, Teão a enviou a Atenas para estudar filosofia e completar sua educação com o jovem Plutarco,[143] até retornar, alguns anos depois, a

[143] Filósofo grego da escola neoplatônica. Sua filha, Asclepigênia, também ensinou Proclo, o chefe da escola neoplatônica em Atenas.

Alexandria, onde começou a lecionar.

Aos trinta anos, se tornara reconhecida como a líder da escola neoplatônica e era uma figura tão popular entre a intelectualidade da cidade que suas palestras eram ponto de encontro tanto de cristãos como de pagãos.

De fato, Hipácia tinha uma multidão de admiradores, dos quais o mais notável era Sinésio, que se tornou bispo de Cirenaica em 410.[144] Ele lhe escreveu cartas testemunhando sua admiração e respeito e era totalmente influenciado por ela, a quem se referia como mãe, irmã e benfeitora.

Não há dúvida de que Hipácia tinha enorme carisma e era bem acima da média em termos de intelecto e aparência. As pessoas falavam de sua eloquência digna de um orador experiente, mas também de sua modéstia e atenção. Não é de admirar que atraísse multidões sempre que aparecia em público.

Mas um tal modelo de virtude, uma tal mistura de inteligência e *glamour*, estava fadada a ter amigos e inimigos. E o número um na turma dos que a odiavam era Cirilo, que, infelizmente para Hipácia, tornou-se o chefe da Igreja de Alexandria em 412.

Como vimos, o bispo Cirilo não tinha nenhum apreço por quem não fosse cem por cento cristão ortodoxo, e seu zelo em perseguir quem não seguisse a doutrina à risca não tinha limites. Ele expulsou os judeus de suas sinagogas, os nestorianos[145] de suas Igrejas e os pagãos de seus templos. Podia ser descrito como o primeiro inquisidor da igreja, com quem Tomás Torquemada, o

[144] Ele tentou conciliar conceitos cristãos e neoplatônicos.

[145] Ver p. 175

Grande Inquisidor do século 15, bem podia ter aprendido os truques da profissão.

Acrescente-se a isso o problema de Orestes, o prefeito de Alexandria, que era ao mesmo tempo hostil a Cirilo e um firme admirador de Hipácia. Pior ainda: dizia-se que era sua amante, o que apenas aumentava o antagonismo entre os dois homens, especialmente porque não era segredo que a bela neoplatônica encorajava o prefeito em sua oposição ao bispo.

A situação ficou insustentável durante a Quaresma de 415, quando, fora de si de tanta fúria, Cirilo atiçou um grupo de cristãos encolerizados contra ela.

Tudo aconteceu quando Hipácia estava passando em frente ao Cesareum, que na época era uma igreja cristã. Os bandidos a arrancaram da liteira, rasgaram suas roupas e então arrancaram a carne de seus ossos com conchas afiadas e depois queimaram seu cadáver.

Com sua bárbara eliminação, Orestes desistiu da luta desigual, o bispo se tornou o senhor absoluto da cidade durante trinta anos e o cristianismo, a religião oficial do Egito durante os 250 anos seguintes. O que explica por que se conhece tão pouco sobre uma das mais notáveis mulheres de Alexandria, já que qualquer referência aos filósofos pagãos, e a ela especialmente, foi estritamente proibida e suas obras, destruídas.

Catorze séculos se passariam até que a civilização ocidental tomasse consciência de sua existência, e, por ironia, isso se deveu à erudição e imaginação de um homem da Igreja, Charles Kingsley, famoso por *Westward ho!* e *Water babies.* Em um romance pedante, embora pitoresco, que se tornou um sucesso de vendas na metade do século 19, ele retratou a vida, as qualidades intelectuais, morais e a beleza de Hipácia, e também fez uma descrição notavelmente vívida da Alexandria de sua época e dos eventos que conduziram à sua morte. Seu livro *Hypatia*[146] era um dos romances favoritos da rainha Vitória.

Talvez o outro motivo pelo qual a fama de Hipácia não se propagou através dos séculos, como a de outros intelectuais alexandrinos de alto calibre, tenha sido o fato de ela ser um expoente de uma escola de pensamento existente e não uma inventora de uma nova filosofia. Ela era a figura mais importante do neoplatonismo no final do século IV, mas essa era uma teosofia que havia sido inventada muito antes por Amônio Sacca, divulgada por Plotino e explicada por Porfírio e depois por Iâmblico[147] — especialmente seu lado místico.

Também o neoplatonismo de Hipácia era mais uma filosofia do que uma teosofia, mais acadêmico do que religioso. Ela era uma filósofa, não uma teóloga, uma oradora e não uma pregadora. Acima de tudo, era um produto brilhante e carismático da máquina cultural alexandrina, mas não uma inovadora. E quando a Igreja controlou e sufocou essa máquina, Hipácia foi esmagada com o movimento que representava.

O neoplatonismo com seu misticismo se tornou clandestino, manifestando-se novamente em momentos específicos da história da civilização ocidental. Mas Hipácia permaneceu enterrada, mais um mito do que uma realidade, até que Charles Kingsley lhe deu vida novamente.

[146] *Hipácia, ou inimigos novos com rostos antigos,* publicado pela primeira vez em 1853.

[147] Principal representante dos neoplatônicos sírios e aluno de Porfírio, escreveu uma importante obra sobre a filosofia pitagórica. Também tido como autor do celebrado *Dos mistérios egípcios.*

Ao eliminar Hipácia e esmagar o neoplatonismo, Cirilo foi ingrato com o que fora proveitoso para o cristianismo. Tomado em seu sentido mais amplo, como a síntese de vários movimentos religiosos do século II ao século V, o neoplatonismo teve enorme influência durante o desenvolvimento da igreja cristã inicial, e pode ser visto como um irmão mais velho, um irmão que a criou e contra o qual ela se virou e que depois destruiu.

Naqueles primeiros tempos, o neoplatonismo e o cristianismo estavam ligados pelo princípio da "redenção", pelo objetivo de livrar a alma da sensualidade e pelo reconhecimento de que a verdade e a salvação não podiam ser obtidas sem ajuda divina.

Teólogos católicos como Orígenes e Santo Agostinho reconheceram prontamente a influência do neoplatonismo sobre os dogmas da Igreja, e, exceto as doutrinas da encarnação, da ressurreição da carne e da criação do mundo em uma dimensão de tempo específica, a teosofia de um e a teologia do outro eram tão semelhantes que era difícil distingui-los.

Portanto, nunca é demais enfatizar a importância e a influência do neoplatonismo — esse rebento da mitologia grega e do misticismo oriental — sobre o cristianismo, nem que os motivos para atacar sua principal expoente fossem mais políticos, até pessoais, do que religiosos.

Era Hipácia, o ídolo carismático dos alexandrinos, a aliada do prefeito da cidade, — a quem Cirilo queria esmagar por razões de poder pessoal, e que de fato eliminou, — e não a expoente de uma religião pagã que, como ele tentou dizer, estava solapando as crenças e os dogmas cristãos.

Se fosse esse o caso, seria improvável que Sinésio, o Patriarca da vizinha Cirene, expressasse uma estima e uma reverência tão irrestritas por Hipácia.

# XXX

## 642 d.C.

O fim do espetáculo para a cultura alexandrina aconteceu quando o general árabe Amr Ibn Al As conquistou o Egito em nome do califa Omar[148] e, depois de um cerco de catorze meses a Alexandria, encerrou quase novecentos anos de soberania greco-romana.

Heráclio, o último imperador de Roma, não fez nada para salvar a cidade e morreu de hidropsia enquanto o baluarte do cristianismo se rendia à dominação muçulmana. E embora o general Amr, um homem extremamente culto e inteligente, tenha poupado os habitantes, suas casas e monumentos, alguns relatos dizem que ele usou os livros da grande Biblioteca para aquecer os 4 mil banhos da cidade. Mas há muito tempo se discute se isso realmente aconteceu.

Certos historiadores sustentam que a maioria dos livros foi destruída ou escondida muito antes daquele ano fatídico de 642. Eles relembram os incêndios que devastaram a Biblioteca na época da batalha naval de César em 48 a.C., os danos e a devastação

[148] Omar Ibn Al-Khattab, 581-644 d.C. O segundo dos califas maometanos, foi um dos mais capazes conselheiros do Profeta, e sucedeu Abu Bakr como califa em 634. Em seu reinado, o Islã emergiu como potência imperial.

geral causada pelas sucessivas revoltas, insurreições e perseguições durante o século III d.C., a devastação da Biblioteca Filha no Serapeum em 391 e a destruição de obras que cheirassem a paganismo ou heresia por bispos como Teófilo e Cirilo.

Outros aludem ao que Ibn Al-Quifti, um historiador árabe eminente, apesar de um tanto parcial, relatou em sua obra *História dos sábios*. Segundo ele, os livros de fato foram utilizados como combustível para aquecer os banhos, embora Amr não tivesse culpa, pois a ordem para queimá-los viera do próprio califa. Aparentemente, o general só soube da existência dos livros graças a um padre copta que perdera a batina, chamado João, o Gramático,[149] um bibliófilo apaixonado que pensava que podia persuadir Amr a permitir que ele ficasse com os livros. E quase conseguiu, porém o assunto foi levado ao califa.

"Se o que está escrito neles concorda com o Livro de Deus, eles não são necessários; se discorda, não são desejáveis. Portanto, destrua-os", teria sido sua resposta segundo Al-Quifti.

Como raramente há fumaça sem fogo, parte dos livros pode ter sido queimada para aquecer os banhos, mas é duvidoso que entre eles estivessem os inestimáveis manuscritos acumulados nas duas grandes bibliotecas de Alexandria durante aqueles seis séculos em que a cidade atraíra para suas praias sábios de todas as nacionalidades e credos. Essas obras-primas teriam sido guardadas em lugares seguros ou enviadas a outros centros do saber quando a decadência havia começado no século III. E se algumas haviam permanecido, o erudito Amr teria dado um jeito para ficar com elas fechando os

[149] Johannes Philoponus, como também era conhecido, foi um filósofo grego que viveu em Alexandria.

olhos, como parece que fez em relação a uma coleção de obras de Aristóteles.

Portanto, o que poderia ter garantido aos alexandrinos seis meses de água quente grátis seria material de terceira categoria, cuja maior parte teria sido produzida nos séculos V e VI e que teria exercido pouco impacto sobre a civilização ocidental.

Entretanto, o ano de 642 assinalou o fim de uma época na história de Alexandria, e nos 1.150 anos que se seguiram, a orgulhosa e bela cidade praticamente morreu. As paredes que Alexandre Magno desenhara foram derrubadas e os palácios e parques da cidade foram abandonados depois que a sede do governo egípcio foi transferida para a nova capital às margens do Nilo, em frente a Mênfis.

O lento processo de decadência se acelerou no século 12, quando o braço canópico do Nilo foi bloqueado e o Lago Mareótis, que fornecia água doce a Alexandria, foi assoreado e isolado das outras vias navegáveis do país.

Em seguida, o Heptastadium — o caminho que ligava a Ilha de Faro ao continente — foi coberto pela terra, o que eliminou boa parte do Grande Porto, enquanto imensas áreas da cidade afundaram abaixo do nível do mar.

Mas o golpe de misericórdia veio quando o comércio da cidade foi arruinado, depois de aberta a rota para o Oriente através do cabo da Boa Esperança.

Os governantes árabes foram substituídos por mamelucos turcos, e Alexandria continuou a minguar em tamanho e importância até o final do século 18, quando ficou praticamente reduzida a Racótis, o vilarejo de pescadores original, que Alexandre fundara, com uma população de apenas 4 mil pessoas.

Então Bonaparte entrou em cena e tomou posse do local em 1798.

Três anos depois os britânicos conquistaram Alexandria na famosa batalha de Abuquir, e teve início uma nova era para a cidade.

# XXXI

## O renascimento alexandrino

Curiosamente, o homem que tornou Alexandria novamente conhecida também era originário da Macedônia e, como Alexandre Magno, criou uma dinastia que governaria o Egito por várias gerações, até a abolição da monarquia em 1952.

A data e as circunstâncias do nascimento de Muhammad Ali não são totalmente conhecidas. Supõe-se que seus ancestrais eram albaneses, mas ele cresceu em Kavala, onde se casou, e no final do século 18 era dono de um próspero comércio de tabaco.

Entretanto, a invasão do Egito por Bonaparte em 1798 levou à mobilização das forças otomanas nos Bálcãs, e assim Muhammad Ali se alistou como oficial e partiu para o Egito para combater os franceses.

Como comandante de um grande contingente albanês, ele se encontrava em uma situação de força quando os franceses bateram em retirada e o governo do país foi deixado nas mãos de mamelucos hostis,[150] e, em 1805, ele se apoderou do Cairo e se proclamou paxá.

[150] Sultões egípcios, originalmente uma escolta de escravos turcos, que se revoltaram e tomaram o poder em 1250.

Foram precisos outros seis anos para que ele controlasse todo o país ao derrotar os ingleses que haviam reocupado Alexandria em 1806, e se livrasse da maioria de seus oponentes mamelucos no famoso massacre da cidadela do Cairo em 1811.

Muhammad Ali gostava de ser comparado a Napoleão e afirmava ter nascido no mesmo ano que ele, 1769. Mas na prática ele tinha mais em comum com seus correspondentes ptolemaicos de 2 mil anos atrás. Como Ptolomeu I Sóter e seus sucessores imediatos, ele expandiu por meio de conquista as fronteiras do Egito, recriando um domínio que em dado momento abarcava do Sudão à Anatólia, incluindo mesmo as cidades santas de Meca e Medina. Como eles, também considerava o Egito sua propriedade privada mas, muito mais importante, especialmente para Alexandria, ele decidiu devolver à cidade seu antigo brilho ao torná-la a segunda capital e o primeiro porto de seu império.

Ele reabriu o principal canal de água doce, estimulou o comércio e os investimentos estrangeiros e construiu para si um imenso palácio em Ras el Tin, no que havia sido a Ilha de Faro.

Em consequência, dentro de cinquenta anos, Alexandria estava novamente entre os principais portos mediterrâneos, e o desolado vilarejo que as tropas napoleônicas haviam atacado se tornara uma elegante metrópole de cerca de 200 mil almas, para a qual acorriam mercadores da Itália, França, Grécia, Turquia, Síria, Palestina e Inglaterra. A cidade rapidamente reconquistou seu ar cosmopolita único, e no início do século 20 estava eclipsando em *glamour* não só o Cairo, mas até mesmo Roma e Atenas. Sombras do passado...

Contudo, o renascimento de Alexandria era mais material que espiritual, mais comercial que cultural. Sua oligarquia era constituída de comerciantes milionários que construíram suntuosas *villas* ao longo dos trinta quilômetros de praia e passavam a maior parte do tempo arquitetando como se tornar ainda mais ricos. Suas reputações eram baseadas no tamanho de suas contas bancárias, e ninguém realmente se preocupava com suas capacidades intelectuais.

Considerava-se elegante colecionar objetos de arte, receber um artista conhecido e mesmo ter um salão literário onde pseudo-gurus culturais podiam congregar-se e alimentar mutuamente seus egos. Mas o que movia basicamente a sociedade alexandrina dos séculos 19 e 20, o que motivava seus líderes a partir do momento em que aprendiam a contar, era o dinheiro. E se liam alguma coisa, eram os balanços financeiros ou a página de negócios do pasquim local, e não literatura ou filosofia.

Felizmente, havia outros alexandrinos que não foram tragados por esse materialismo impetuoso e, contrariando todas as probabilidades, deram à cidade um toque de seu antigo prestígio cultural.

Como Filippo Tommaso Marinetti, que, em 1894, publicou *Le papyrus,* a primeira revista literária e artística de Alexandria, e foi o autor de *La momie sanglante* (1905), e o poeta grego Kaváfis, que evocou Alexandria tão belamente em seu famoso poema sobre a derrota de Marco Antônio; assim como Stratis Tzirka, o autor, e Ahmed Shawki,[151] "príncipe dos poetas", cuja estátua ornamenta os jardins da Villa Borghese em Roma. E depois Balint, o pintor húngaro cujas delicadas paisagens e retratos lhe valeram fama

[151] 1868-1932, poeta oficial da corte egípcia.

internacional, Lawrence Durrell, que, melhor do que qualquer outro, revelou o fascínio da cidade; e, é claro, Naguib Mahfouz, o ganhador do Prêmio Nobel de literatura de 1988, e, recentemente, o prof. Ahmed Zewail, com seu Prêmio Nobel de química — a sabedoria dos dois reavivou a chama da cultura egípcia. E não podemos esquecer os professores e cirurgiões de renome internacional, os arquitetos e, por que não, os famosos astros do cinema.

É graças a esses homens de letras e da ciência, que dedicaram suas vidas à busca do conhecimento e, talvez sem ter total consciência, sonharam reviver a antiga tradição de 2 mil anos de cultura de Alexandria, que o projeto da nova Biblioteca se tornou realidade.

# XXXII

## A nova Biblioteca Alexandrina

Nos anos 1950, Honor Frost, um intrépido arqueólogo subaquático inglês, convencido de que vestígios do grande Farol estavam espalhados pelo leito oceânico ao redor do forte Qait Bey, começou a procurá-los. Depois, em 1980, o grupo Mobius, de Los Angeles, especializado em arqueologia psíquica, afirmou ter localizado as posições exatas dos respectivos palácios de Cleópatra e Marco Antônio em Alexandria, um assunto que confundira os especialistas por muito tempo.

A arqueologia psíquica, a propósito, é um método utilizado às vezes para localizar sítios perdidos quando os métodos convencionais falham. Envolve uma espécie de clarividência ou percepção extrassensorial, por meio da qual um "vidente" tenta descrever algum lugar distante onde se encontra um "agente". Nesse caso, o grupo, comandado por seu chefe, o prof. Schartz, era ajudado por uma equipe de arqueólogos egípcios qualificados, e os resultados foram publicados em um livro escrito por Stephan Schartz.

Desde então, todavia, os arqueólogos têm trazido à luz muitos vestígios da Alexandria ptolemaica. O mais espetacular foi a descoberta, pela equipe de Jean-Yves Empereur, de enormes blocos de pedra nas águas do Porto Oriental que certamente caíram no mar quando o Farol de Faro desmoronou, além de estátuas e esculturas que adornariam a estrutura. Ao mesmo tempo, Frank Goddio, enquanto mapeava parte da antiga Alexandria que havia afundado abaixo do nível do mar, trouxe à luz o que provavelmente era um palácio de Cleópatra na Ilha de Antirodes.

Não se pode deixar de desejar que os esforços notáveis dessas equipes também tivessem resultado na localização exata dos locais do Museu e da Biblioteca, pois teria sido gratificante saber que o local escolhido para a nova Biblioteca Alexandrina está bem perto do lugar original e que os estudiosos que passearão por suas áreas futuristas o farão sobre um terreno cultural bastante usado. Na verdade, deve ser esse o caso, com uma margem de erro de uns cem metros, pois ela fica exatamente em frente à Universidade existente, construída na virada do século bem no centro da antiga região do Bruquíon.

# BIBLIOGRAFIA


- Aldred C., *The egyptians,* Thames and Hudson, 1961.
- Bell H.I, *Egypt from Alexander the Great to the arab conquest,* Oxford UP, 1948.
- Benoist-Méchin J., *Alexandre le Grand,* Clairefontaine, 1964.
- Bernand A., *Alexandria la Grande,* Paris, 1966.
- *Bibliotheca Alexandrina: the revival of an idea,* Unesco, Paris, 1990.
- Blavatsky H.P., *Isis unveiled,* Theosophical University Press, 1988.
- Breccia E., *Egitto greco e romano,* Pisa, 1957.
- Breccia E., Il *diritto dinastico nolle monarchie dei successori d'Alessandro Magno,* Roma, 1903.
- Bulletins of the Société Royale d' Alexandrie.
- Canfora L., *La biblioteca scomparsa,* Sellerio, Palermo, 1986.
- Couat A., *La poesie alexandrine (sous les trois premiers Ptolémées),* Cultures et Civilisations, Bruxelas, 1968.
- Crouzel H., *Origène,* Dessain et Toira, Paris, 1985.
- El-Abbadi M., *Life and fate of the ancient library of Alexandria,* Unesco, 1990.
- Enciclopedia Italiana delle Scienze, Lettere ed Arti, 1995.
- Encyclopaedia Britannica, 1954.
- Encyclopédie Larousse, 1994.
- Forster E.M., *Alexandria: a history and a guide,* Whitehead Morris, Alexandria, 1938.
- Frazer P.M., *Ptolemaic Alexandria,* Oxford, Clarendon Press, 1972.
- Grant M., *Cleopatra,* Weidenfeld and Nicholson, 1972.

- Green P.M., *Alexander the Great, Alexander of Macedon — 356-323 b.C.,* Penguin, 1974.
- Guitton JMP, *Le temps et l'eternité chez Plotin et St. Augustin,* Paris, 1933.
- Haas C., *Alexandria in the late antiquity,* The John Hopkins University Press, Baltimore/Londres, 1997.
- Hadot P., *Plotin ou la simplicity du regard,* Plon, Paris, 1963.
- Hurry J.B., *lmhotep, the egyptiant god of medicine, Ares* Publishers Inc., 1926.
- Jackson F.J.F., *Eusebius Pamphili, bishop of Caesarea in Palestine and first christian historian. A study of the man and his writings,* W. Heffer and Sons, Cambridge, 1933.
- Kingsley C., *Hypatia, or new foes with an old face,* Ward, Loek & Bowden, 1895.
- Landels J.G., *Engineering in the ancient world,* University of California Press, 1978.
- Larousse, *Chronique de l'humanité,* Editions Jacques Legrand SA, 1986.
- Marlowe J., *The golden age of alexandria: from its foundation by Alexander the Great in 331 b.C. to its capture by the arabs in 642 a.D.,* Gollancz, Londres 1971.
- Meiller C., *Callimachus et son temps,* Publications de l'Université de Lille III, 1979.
- Modrzejewski Meleze J., *Les juifs d'egypte de Ramses II à Hadrien,* Editions Errance, 1991.
- Newton R.R., *The sources of Eratosthenes' measurement of the earth,* R.A.S. Blackwell, 1980.
- Parsons E.A., *The Alexandrian library: glory of the hellenic world,* Elsevier Press, Nova Iorque, 1952.

- Peremans W. & Van't Dack E., *Prosopographia ptolemaica* (tome VI), Publications Universitaires de Louvain, 1968.
- Pfeiffer R., *Callimachus,* Arnos Press, Nova Iorque, 1979.
- Pfeiffer R., *History of classical scholarship from the beginnings to the end of the hellenistic age,* Oxford, Clarendon Press, 1968.
- Plutarch, *Vitae parallelae,* tradução de Drydens revista por A.H. Clough, Macmillan, Londres, 1902.
- Roberts J.M., *The penguin history of the world,* Penguin Books, 1990.
- Robson E.I., *Alexander the Great. A biographical study,* Jonathan Cape, Londres, 1929.
- Rovve A., *Discovery of the famous temple and enclosure af the Serapis at Alexandria;* Institut Français d' Archeologie Orientale, Cairo, 1946.
- Saron G., *Hellenistic science and culture in the three last centuries b.C.,* Dover Publications Inc., Nova Iorque, 1993.
- Sly D., *Philo's Alexandria,* Routledge, Londres, 1996.
- Tudo D., *Donne celebri del mondo antico,* Mursia Editore Spa, Milão, 1980.
- Vandervorst J., *Israel et l'ancien orient,* Librairie Albert Dewit, Bruxelas, 1929.
- Ware W., *Zenohia.* C.S. Francis, Nova Iorque, 1846.
- Weigall A., *Histoire de l'egypte ancienne,* Payot, Paris, 1955.
- Wells H.G., *A short history of the world,* Penguin Books, 1991.
- Wilcken U., *Alexandre le Grand,* Payot, Paris, 1933.

# ~ ÍNDICE REMISSIVO ~